正道成功
刘强东
的创业经历

润 商 ○ 著

团结出版社

图书在版编目（CIP）数据

正道成功 / 润商著 . -- 北京：团结出版社，2025.9

ISBN 978-7-5234-0988-6

Ⅰ.①正… Ⅱ.①润… Ⅲ.①电子商务—经营管理 Ⅳ.① F713.365.1

中国国家版本馆 CIP 数据核字 (2024) 第 098579 号

出　　版：团结出版社

　　　　　（北京市东城区东皇城根南街84号　邮编：100006）

电　　话：（010）65228880　65244790

网　　址：http://www.tjpress.com

E-mail：zb65244790@vip.163.com

经　　销：全国新华书店

印　　装：三河市华东印刷有限公司

开　　本：140mm×210mm　32开

印　　张：9.5

字　　数：250千字

版　　次：2025年9月第1版

印　　次：2025年9月第1次印刷

书　　号：978-7-5234-0988-6

定　　价：59.00元

（版权所属，盗版必究）

丛书序

为标杆企业立传塑魂

在我们一生中，总会遇到那么一个人，用自己的智慧之光、精神之光，点亮我们的人生之路。

我从事企业传记写作、出版15年，采访过几百位企业家，每次访谈我通常会问两个问题："你受谁的影响最大？哪本书令你受益匪浅？"

绝大多数企业家给出的答案，都是某个著名企业家或企业传记作品令他终身受益，改变命运。

商业改变世界，传记启迪人生。可以说，企业家都深受前辈企业家传记的影响，他们以偶像为标杆，完成自我认知、自我突破、自我进化，在对标中寻找坐标，在蜕变中加速成长。

人们常说，选择比努力更重要，而选择正确与否取决于认知。决定人生命运的关键选择就那么几次，大多数人不具备做出关键抉择的正确认知，然后要花很多年为当初的错误决定买单。对于创业者、管理者来说，阅读成功企业家传记是形成方法论、构建学习力、完成认知跃迁的最佳途径，且越早越好。

无论个人还是企业，不同的个体、组织有不同的基因和命运。对于个人来说，要有思想、灵魂，才能活得明白，获得成功。对于企业而言，要有愿景、使命、正确的价值观，才能做大做强，基业长青。

世间万物，皆有"灵魂"。每个企业诞生时都有初心和梦想，但发展壮大以后就容易被忽视。

企业的灵魂人物是创始人，他给企业创造的最大财富是企业家精神。

管理的核心是管理愿景、使命、价值观，我们通常概括为企业文化。

有远见的企业家重视"灵魂"，其中效率最高、成本最低的方式是写作企业家传记和企业史。企业家传记可以重塑企业家精神，企业史可以提炼企业文化。以史为鉴，回顾和总结历史，是为了创造新的历史。

"立德、立功、立言"，这是儒家的追求，也是人生大道。

在过去10余年间，我所创办的润商文化秉承"以史明道，以道润商"的使命，会聚一大批专家学者、财经作家、媒体精英，专注于企业传记定制出版和传播服务，为标杆企业立传塑魂。我们为华润、招商局、通用技术、美的、阿里巴巴、用友、卓尔、光威等数十家著名企业提供企业史、企业家传记的创作与出版定制服务。我们还策划出版了全球商业史系列、世界财富家族系列、中国著名企业家传记系列等100多部具有影响力的图书作品，畅销中国（含港澳台地区）及日本、韩国等海外市场，堪称最了解中国本土企业实践和理论体系、精神文化的知识服务机构之一。

出于重塑企业家精神、构建商业文明的专业精神和时代使命，2019年初，润商文化与团结出版社、曙光书阁强强联手，共同启动中国标杆企业和优秀企业家的学术研究和出版工程。6年来，为了持续打造高标准、高品质的精品图书，我们邀请业内知名财经作家组建创作团队，进行专题研究和写作，陆续出版了任正非、段永平、马云、雷军、董明珠、王兴、王卫、杜国楹等著名企业家的30多部传记、经管类图书，面世以后深受读者欢迎，一版再版。

今后，我们将继续推出一大批代表新技术、新产业、新业态和新模式的标杆企业的传记作品，通过对创业、发展与转型路径的叙述、梳理与总结，为读者拆解企业家的成事密码，提供精神养分与奋斗能量。当然，我们还会聚焦更多优秀企业家，为企业家立言，为企业立命，为中国商业立标杆。

一直以来，我们致力于为有思想的企业提升价值，为有价值的企业传播思想。作为中国商业的观察者、记录者、传播者，我们将聚焦于更多标杆企业、行业龙头、区域领导品牌、高成长型创新公司等有价值的企业，重塑企业家精神，传播企业品牌价值，推动中国商业进步。

通过对标杆企业和优秀企业家的研究创作和出版工程，我们意在为更多企业家、创业者、管理者提供前行的智慧和力量，为读者在喧嚣浮华的时代打开一扇希望之窗：

在这个美好时代，每个人都可以通过奋斗和努力，成为想成为的那个自己。

企业史作家、企业家传记策划人、主编

陈润

推荐序

把成功与失败进行淋漓尽致地总结

在总结任正非成功经验的时候，人们发现了这四句话：行万里路，读万卷书，与万人谈，做一件事。所谓"与万人谈"，就是任正非阅读大量世界上成功企业的发展历史的书籍。他一有机会就与这些企业的董事长、总经理当面进行交流请教，并把这些企业成功的经验用于华为的运营，这就使得华为也成为一个成功的企业。

在过去的十余年间，润商文化长期致力于系统研究中外成功的企业家，会集了一大批专业人士创作关于成功企业家的传记——著名企业家传记丛书。这是一件非常有意义的事情，这让"与万人谈"成为一件很容易的事。同时，这使得大家都能够从中了解到——这些企业家为什么成功，自己能从中学到什么。

因此，我觉得润商文化的这项工作是功德无量的。这些成功的企业家，就是中国经济史上一个个值得称颂的榜样。

湖北省统计局原副局长

民进中央特约研究员

叶青

序 言

刘强东：正道成功的商业典范

从江苏宿迁农村走出，到创办京东，再到全球知名的企业家，从贫穷到富有，从无人知晓到万众瞩目，刘强东的人生之路，就像励志小说中的男主一样。最难能可贵的是，刘强东用他的长期坚持，诠释了什么是"不走歪门邪道也能成功"。

刘强东所倡导的"正道成功"理念，绝对不是一句简单的商业口号。他是这么说的，也是这么做的。所谓正道成功，就是坚信唯有通过合法合规、诚实守信的方式，所取得的成功才是可持续的。相反，任何靠投机取巧的方式，或以损害他人利益为前提，所取得的成功只会是暂时的，最终必将付出代价。在刘强东的商业词典中，"正道"意味着对法律规则的严格遵守、对商业伦理的高度重视以及对长期价值的执着追求。他曾多次公开表示："京东永远不会为了眼前的利益，而牺牲长期价值，我们选择的是一条虽然艰难但正确的道路。"

在京东的企业文化中，"正道成功"理念被细化为四个核心准则：客户为先、诚信经营、合作共赢和持续创新。客户为先是京东价值观的第一条，刘强东一直强调"只有为客户创造价值，企业才有价值"。在京东，这一准则不仅体现在优质的产品和服务上，更贯穿于企业决策的各个层面。京东早期坚持自营模式而非平台模式，就是为更好地把控产品质量；投入巨资自建物流体系，核心目的即提升客户体验。诚信经营则体现在京东对假货"零容忍"。创业初期，资金短缺、竞争激烈，刘强东却始终坚持"正品行货"，即便利润微薄也决不销售假冒伪劣产品。这种坚持为京东赢得了首批忠实客户，奠定了京东的诚信基础。刘强东多次表示"卖一件假货等于失去一个客户一生的信任"，这种坚持塑造了京东可靠放心的用户印象。

"正道成功"理念深刻影响了京东战略。在竞争激烈的电商行业，价格战很常见，但京东始终坚持理性竞争，拒绝恶性价格战。刘强东认为，真正的竞争优势应该来自供应链效率提升和用户体验改善，而非低价竞争。物流建设上，当同行依赖第三方时，京东却选择投入重金自建物流体系，这一决策正是基于"正道经营"的长期思维，虽然前期投入大、回报周期长，但却能在根本上解决配送痛点，为客户创造真实价值。

"正道成功"直观体现于社会责任的承担。刘强东对企业家社会责任的理解超越了简单的慈善捐赠，而是将其融入企业战略和日常运营。他坚信，真正的企业社会责任是企业价值创造的有机组成部分，而非外在附加。京东因此形成了一套系统实践体系，涵盖了员工关怀、乡村振兴、环境保护和行业生态建设等，生动诠释了"正道成功"理念的社会价值。

员工关怀方面，京东设立了一系列开创性制度，最为人称道的是刘强东坚持为所有快递员缴纳五险一金，并提供高于行业平均水平的薪资待遇，这在以成本控制为重的物流行业实属罕见。他曾公开说过："京东在盈利一元的情况下，仅保留七成，其余三成则分配给合作伙伴。而在我们保留的七成中，绝大部分会用于员工的福利和激励。"说到做到，员工遇重大疾病且无力承担医疗费用，公司会给予援助，确保员工能够无忧治病；员工在京东服务满两年后，便有资格入住公司高级公寓；此外，京东还建立了专属幼儿园，为员工子女提供免费顶尖教育，其设施、环境和师资均属一流。尤为可贵的是，京东坚持与所有员工，包括保安、保洁和快递员,直接签订劳动合同,拒绝外包。外包虽然每年能为京东节省数亿成本,但在刘强东看来,通过削减员工福利来增加企业利润的行为是可耻的,绝不能干。他的目标是:"能把京东经营好了,让我们这 90 万家庭有希望,活着有尊严,就好。"

乡村振兴是刘强东社会责任实践的另一个重点。作为农村出身的企业家,刘强东对乡村很有感情,京东早早就布局农村电商,通过"京东帮服务店"和"京东家电专卖店"等形式,将优质商品和服务送到偏远乡村。同时,京东还建立了农产品上行通道,帮助农民打造特色农产品,增加收入来源。2017 年,刘强东担任河北省阜平县平石头村名誉村长,承诺通过产业扶持助农增收。这些实践不仅体现了企业家的乡土情怀,也为电商企业参与乡村振兴提供了可复制的模板。

在环境保护和可持续发展方面,京东推出了"青流计划",通过绿色包装、新能源物流车、仓库节能改造等措施减少企业运营对环境的影响。2022 年的数据显示,京东总计投入使用超过 2 万辆新能源车,成为全球拥有最大规模新能源车队的物流企业之一。京东还是行业首家规模化投用氢能源卡车的物流企业。近两年,京东先后引入了数十辆氢能源重卡物流车,实现了部分运输的"净零碳"排放。

刘强东的社会责任实践具有鲜明的特点:一是注重系统性,将社会责任纳入企业战略而非零散行动;二是强调可持续性,追求社会价值与经济价值的平衡;三是发挥平台优势,带动整个供应链履行社会责任。这种将社会责任与企业核心竞争力相结合的做法,放大了京东的社会影响力。

大道至简,行稳致远。在当下追求快速增长的商业氛围中,刘强东用实践证明了坚守商业道德与取得商业成功非但不矛盾,反而可以相互促进。正如他说的:"只要我们做正确的事情,做有价值的、长期的事情,只要能对消费者好,只要商业模式没问题,我坚信有一天我们能做大。"企业完全可以在坚守正道的前提下实现规模扩张和利润增长,这对纠正市场急功近利倾向具有标杆作用。深入探讨刘强东和京东的正道成功经验,对于中国乃至全球商业领域都具有重要的借鉴意义,此为本书的写作初衷。

目 录

第一章　大学生创业

自学编程，积累第一桶金 / 003

初尝"赚差价"的快乐 / 007

开餐厅被狠狠上了一课 / 011

日企打工首次接触物流 / 016

发现"中关村秘密" / 020

第二章　中关村站柜台起家

为偿债，中关村摆摊 / 027

明码标价，只卖正品 / 031

一下子被骗走30多万 / 035

价格战后被迫转型 / 039

要做下一个连锁王 / 043

第三章 店商"逆袭"电商

"非典"嗅到电商未来 / 049

论坛试水电商 / 053

做独立网站卖产品 / 057

在反对声中关闭实体店 / 061

1800万元差点卖掉京东 / 064

第四章 和资本打交道,要坚守"本心"

被迫签下"卖身契" / 071

估值很低,却没人愿投 / 075

"风投女王"徐新:给你1000万美金 / 078

亏钱的京东拿下今日资本 / 082

笑着签下对赌协议 / 086

第五章 质疑中自建物流

从3C到全品类扩张 / 093

不能改变行业,那就自己做 / 097

"为用户体验烧钱值得" / 101

爆仓促使自建库房 / 104

石破天惊的"211限时达" / 109

第六章 金融危机的"融资秘诀"

"金融危机是京东的第二次机遇" / 115

为控股权和徐新吵架 / 119

梁伯韬主动"送"钱 / 123

让老虎基金"多涨点价" / 127

高瓴资本和 DST 来背书 / 131

第七章　不计利润抢市场

"12·14 图书大战" / 139

正面应对联合"围剿" / 144

直击"老大"要害部位 / 149

降维打击垂直电商 / 153

双拳敌四手，后浪拍前浪 / 159

第八章　赴美上市开启全球扩张

DST 要求 5 年内不许上市 / 165

谣言四起："京东要倒闭" / 169

哥大上学被传言患癌 / 173

腾讯把电商交给京东 / 178

"一定要抢在阿里之前上市" / 182

第九章　携技术破冰前行

京东金融并非盲目跟风 / 189

让技术变得有温度 / 195

消除农村"价格歧视" / 199

京东到家旨在解决安全问题 / 203

京东物流全面开放 / 207

第十章 向万亿迈进

"万亿京东"之梦 / 213

分拆上市搁浅 / 217

化整为零,"田忌赛马" / 221

从实业家到投资家 / 226

坐上第一把交椅 / 231

第十一章 卸任背后,是以退为进的商业哲学

"京东自救"的进退之问 / 237

被重用的接班人 / 241

重塑京东 / 246

"AI 数字人"之路能否走得通? / 251

京东外卖"利润率不超过 5%" / 256

附 录

大事记 / 261

名言录 / 280

参考文献 / 287

第一章

大学生创业

　　回顾大学四年的经历,刘强东对其评价极高:"人大给了我知识,教会了我做人的道理。可以说,人大的学习经历深刻地改变了我的命运轨迹,人大'实事求是'的校训,也是我日后为人做事的基本准则。"有人视刘强东为草根创业的典范,实际上,刘强东创业一开始就站在一个高起点上,大学四年的求学经历给予他的知识、眼界、磨砺,让他在创办京东之初,就摸准了市场脉搏和商业本质。

自学编程，积累第一桶金

1992年高考，刘强东以总分680分、平均每门136分的优异成绩成为江苏省宿迁市高考状元。这成绩在当时足以进清华大学或北京大学，他最终却选择了中国人民大学社会学系。原因很简单，他想当官，而中国人民大学出了很多公务人员。

过去很长一段时间里，农村人都把考大学、当大官、赚大钱视为一体，于是便有了"鲤鱼跳农门"的说法。刘强东就是在这种"原始梦想"的驱使下，凭借强大毅力，一路艰辛杀入了中国人民大学。

"我为什么上中国人民大学呢？当时我们老师说，中国人民大学的毕业生都当官了。他希望成绩好的学生，都考上人大，走从政的道路。……当时在省级物理、化学竞赛中我都拿了奖，我原本想做物理学家或者化学家，我想发明一个刘强东定律、刘强东化学反应方程式之类的。但当科学家只能管一个人，做市长能把全市人民给照顾好了，人生价值更大。所以，我本来真的已经立志上清华、北大了，一下就改了志愿上人大。"[1]

---

[1] 我的创业史/刘强东口述，方兴东访谈、点评.北京：东方出版社，2017

当年的人大只有26个系，其中22个在江苏招生。填报志愿的时候，刘强东和父亲斟酌许久，最终选定了社会学专业。他笃定社会学应该最大概率能当官，其他学科更偏向于生存技能。1992年9月，刘强东如愿被中国人民大学社会学系录取。然而，他当官的美梦，很快就破灭了。

这一年，国家突然调整大学生就业政策，引入了"双向选择"机制。邓小平"南方谈话"后，媒体鼓励创业，官员纷纷辞职下海，形成了独特的"92派"现象。此前，大学生由国家统一分配工作。而新政下，毕业生需先自行求职，实在找不到工作，国家才会分配。

刘强东与同系学长们交流后得知，别说当官，这个专业就连找份体制内工作都异常困难。残酷的现实让他深感忧虑：如果不能进入仕途，社会学专业就太难了，它无法作为谋生技能啊！刘强东顿感危机重重：必须学习一项技能，来增强自己的竞争力。

从大一起，刘强东便深刻领悟到——当官重要，生存更甚。唯有生存无忧，方能谈及仕途。如何谋生？他是从做家教、抄信封起步的。那时一个信封的抄写费是三分至六分。宿舍熄灯后，他常坐在走廊边或厕所门口，借着里面微弱的灯光，埋头苦抄。最忙的周末，他曾抄过四万余份信封，一笔赚得数千元。

所谓抄信封，即以黄页为蓝本，逐一写上全国各县地址。信件需折叠封装，胶水封口，整个过程按"三二一"分计费——抄写三分，折叠封装二分，胶水封口一分，总计六分收入。

刘强东读大一时的主要开销，几乎都靠抄信封辛苦赚得。一年多后，刘强东不再满足于挣这个辛苦钱了。他觉得就算自己再能抄，这也不能成为一种谋生技能，必须寻找真正的谋生技能傍身。

当时，编程被视为一项超前沿的工作，刘强东觉得掌握了这项技能，以后肯定能赚钱。为此，他投入了大量精力，购买了众多编程书籍，利用课余时间刻苦学习。虽然中国人民大学没有设立计算机专业，但为信息系配备了计算机,有十几台 8088 型号电脑。刘强东就天天起早去信息系抢电脑用。

在电脑上实操之余,刘强东常去中关村海淀医院北面的创意科技园,那里有一家希望电子出版社。他手头稍有余钱,就会去出版社买编程书籍,及时给自己"充电"并掌握前沿编程信息。

功夫不负有心人,大三时,刘强东已经能承接编程工作了,并且收入颇丰。那时的程序员地位极高。刘强东至今都特别感恩求伯君,他开发了 DOS 系统,让电脑启动后直接进入操作界面。在刘强东读大学期间,求伯君如神祇一般。

大三下学期,刘强东曾利用短短的 15 天假期,为沈阳的一家公司编写程序。他夜以继日地工作,每天仅睡几小时,三餐都用快餐解决。终于赶在大年三十的晚上,如期交工。

刘强东还为系里的老师开发了一套名片管理系统。对于经常出席各种会议的人大教授来说,收到的名片繁多,查找起来很困难。而通过刘强东的程序,只需输入一个字就能快速检索到所需名片,这一功能令老师们赞不绝口。

他还为老家宿迁王官集(宿迁的一个乡镇)编写了电力设备管理系统。过去农民需手工填表,很容易出错。刘强东利用一个暑假的时间独立完成了程序编写,实现了电脑打印,大大地提高了效率。这个项目为他带来了三万多元的收入。

此外,刘强东还曾为陕西省的土木研究所编写程序。作为国家一级研究单位,土木研究所当时仍采用传统出图方式,对电脑出图并不熟悉。刘强东的协助让他们顺利过渡到电脑出图,他因此赚了几万元。

他还涉足过视频软件编写等更为大众化的领域,带着一帮朋友一起剪辑视频、配音,同样收入可观。这些项目大多是通过同学介绍拿下的,比如,土木研究所的项目就是由系里一位同学介绍的,这位同学的父亲恰好是研究所的干部。原本他们打算找美国人,经同学父亲推荐,最后把这个项目交给了刘强东。

在那个程序员稀缺、计算机刚起步的年代,刘强东凭借自学的编程技能,基本上可以利用晚上时间,在一个月内赚到五万元。到大三下学期,他已是班上少有的富人,手里拿着一个摩托罗拉"大哥大",颇为显眼。有趣的是,刘强东接打电话时不好意思当着同学的面打,总避开人躲到树后去。有一天,有一位同学竟然跑来问他手机是不是真的,那个年代有人为了装酷会买假"大哥大"(外观一样的塑料壳)。而刘强东的手机货真价实,价值两万六千多元。

为精进编程水平,刘强东还专门去中关村联想和四通大厦做导购员,负责展示电脑。无人光顾时,他就会插入磁盘编写程序,可谓着了魔。因为编程的成就,毕业时,刘强东差点入职联想。

短短一年,非科班出身的刘强东成为中国最早一批的编程高手,并攒下了人生第一桶金。这种"短平快"的赚钱体验,就决定了他不会成为挣死工资的程序员。这段丰富的编程经历,也为刘强东日后创业选择和计算机行业相关的领域埋下了种子。刘强东学习编程,本来是为谋一项求生技能,却未曾想为创办京东做了一定的铺垫。

初尝"赚差价"的快乐

"全村乡亲集资 500 元并凑齐 76 颗鸡蛋,他将钱小心翼翼地缝在裤子里,踏上了赴京求学的逆袭之路。"这是网络上广为流传的刘强东考上中国人民大学时的感人故事。可事实并非如此。刘强东的家境虽然说不上富裕,但也不至于如此不堪,至少父母供他上完大学不成问题。

实际上,刘强东家族有着强大的经商背景。他的太爷爷那一辈就已经开始跑船做生意了。据说,生意做得最好的时候,家里有三条大船。他的爷爷从小就过着阔少爷生活,还有自己的私塾先生。他的父亲在"文革"特殊时期中断了家族事业,但政策开放后,很快就又重启了家族事业。

出身于这样的家族,刘强东身上自然也流淌着经商的基因。一旦有机会,他便出于本能地去尝试。有一次接受媒体采访,刘强东就公开表示,自己的创业天赋得益于家族遗传:

"我们家族世代从商。多年前,他们便驾驶船只进行贸易,这如同今日京东的物流业务一般。我从父亲、祖父以及曾祖父那里听到了许多经商的故事。正是他们传授给我做生意的智慧,以及如何赢得合作伙伴的信任。"[1]

刘强东的父亲原本是生产队的会计,1979年农村实行包产到户的政策后,他便借了2500元购买了一条10吨的货船,做起了货运生意,从徐州运送沙子到扬州,再从扬州运送瓷器回徐州,靠往返运输赚取微薄收入。后来,刘父又转向运煤炭,将北方的煤炭运往南方。经过他的不懈努力,家里的生活条件逐渐改善,日子也慢慢好起来。

刘强东亲眼见证了经商的"魔力",骨子里渴望有朝一日自己能像父亲一样,凭着灵活的头脑,让家人过上好日子。于是,当官的梦想破灭后,他体内的家族血脉觉醒了。

大学前,刘强东一直埋头苦读,没有从商的体验机会。进入大学后,他开始抓住一切机会赚钱。编程虽然为他积累了人生第一桶金,但这与他心目中的经商创业仍有所区别。

编程之余,刘强东在校期间还尝试了其他的赚钱途径。父母早就给他攒够了上大学的钱,他却不想用家里的钱。据说他在中学时从报纸上得到一个信息:西方国家的学生会自己打工赚生活费,不再依赖家庭。他很受触动:在发达国家,即便是家境富裕的学生都选择自力更生,那么自己也可以做到。

到北京上学时,他只带了500元。不是家里没有钱,而是刻意为之。他曾立誓:大学四年,自己一定要靠兼职覆盖一切开支,绝不向家里要钱。这就是经商世家带来的自信底气。

可是,在那个年代,找兼职确实不容易,打工机会寥寥无几。于是,他就跟其他同学一样去做家教,去学校食堂门口刷广告,替人写信封,

---

[1] 刘强东2017年8月30日接受美国CNBC电视台专访时语。专访时,刘强东是用英文回答的。

头一年尽管辛苦，总算勉强维持了生计。这类兼职虽然带来收入，却只让他体会到出卖劳动力赚"工分"的感觉，丝毫感受不到经商的乐趣。

直到有一天，他发现自己的同班同学靠卖书挣到钱了，刘强东便开始帮这位同学推销书，他每天骑着自行车，载着一二十本样书，拿着书目，穿梭于金融大厦和各个写字楼之间，挨家挨户敲门推销。

对方开门，他就耐心询问："您要书吗？"如果对方表现出兴趣，便会追问："什么书啊？打开看看。"即便对方态度不友好，他也不会生气，毕竟被拒绝的次数多了也就有了免疫力。

农村出身的孩子，普遍比较腼腆，刘强东也不例外。在推销图书的过程中，他的脸皮、胆子都逐渐练出来了，普通话也越来越溜。这是上门推销带给他的首要收获。当然，最大的收获是让他真切体会到了"赚差价"的经商快乐。

刘强东利用身在海淀区的优势，从临近的出版社或图书批发市场以极低的价格批发到各式各样的图书。海淀区作为北京核心文化区，被誉为"图书的天下"，图书资源极其丰富。这里只有想不到的书，没有找不到的书。

在给同学"打工"了一段时间后，刘强东决定自立门户。他批发到一些利润高的精装书后，就采用最原始的推销方式——"扫楼"。他凭着用不完的劲儿，或抱或背满满一大袋子书，在写字楼里逐家公司上门推销。仅仅一个多月就挣了两万多元，这在当时堪称一笔不小的财富。

如果以四折的价格购入书籍，原价售出时就能获得 60% 的利润。比如，一本定价三百元的书，卖出就能赚取一百八十元的利润。有一次非常幸运，他在木樨地附近的农业银行，一次性卖出了二十余本书，这让他欣喜不已。

"倒腾"图书这种活儿，城里的孩子或许会视作为苦力，但对于农村出身的刘强东来说，实在算不上沉重，至少比起父母的跑船运煤生意轻松太多了。最让他欣喜的是，以往总是看着父母做生意赚钱，自己从未体验过那种感觉。这种自己进货—推销—赚钱的过程，感觉实在美妙。

耳濡目染终究不如亲力亲为。就算家族基因再强大，经商的技能还得靠自己的实践一点一滴去积累。这段"倒腾"图书的经历，是刘强东的从商初体验，正是基于这种切身体验，他才敢迈出更大的步伐——开办餐厅。在20世纪90年代，敢拿出24万创业的人不多，尤其还是一个来自农村的大学生。刘强东之所以能有这样的魄力和胆识，归功于他之前累积的这些赚钱经历。毕竟，赚过快钱且频繁和金钱打交道后，他的胆子自然就大了起来。

当然，这种"薄利多销"赚差价的体验，其深远影响远不止于此。无论是后来他在中关村代销光磁产品，还是通过网上商城颠覆国内传统零售模式，刘强东始终恪守"低价进货、低价销售"的商业法则。正是这种简单有效的经营理念，奠定了他日后在电商领域中的领军地位。

后来，一直卖3C产品的京东突然涉足图书品类的时候，很多人都表示不理解。如果了解刘强东的这段过往经历，就不会觉得这是他的"突发奇想"了。人在顺境之时，难免会有"死去的记忆突然攻击我"的时刻。刘强东在推销图书这块尝到过甜头，对图书领域的成本利润结构了然于胸，因此当京东需要扩充品类的时候，他首先想到的便是图书。

心理学研究表明，人的行为选择受过往的经历影响。学生时期倒卖图书的兼职经历，不仅让刘强东体验到了"赚差价"的经商快乐，为日后京东运营乃至转型扩张奠定了原始基础。这也是刘强东当初未曾预想到的。

开餐厅被狠狠上了一课

1995年,刘强东步入大四,他开始思考毕业以后的方向。此时的他,满脑子都是做生意、开公司挣大钱的念头。甚至设想过如何塑造良好的企业文化,避免沾染社会上的各种不良风气。只是,具体开什么样的公司,他还没有明确方向。

当时,身为"富学生"的他,经常去人大西门一带的餐馆犒劳自己,尤其偏爱其中一家生意火爆的川菜馆。有一天,这家川菜馆门口贴了一张告示:老板在西客站开了更大的餐馆,决定把这个餐馆转让出去。

刘强东立刻感到:机会来了。尽管对餐饮一窍不通,但他坚信"民以食为天",无论什么时候,老百姓都需要食物。当时外国人习惯在餐馆请客,而中国人习惯在家里请客,他预测餐饮业即将爆火,中国的十几亿人口将构成巨大的市场。如果自己能成功踏进餐饮业,未来把"大强子"[1]餐厅开遍全国,也并非不可能。

怀揣这份憧憬,刘强东准备盘下这家餐馆,作为事业的起点。面对老板开出的24万元天价转让费,刘强东想都没想,便答应了下来。他将自己抄信封、卖图书、做编程攒下的10多万元积蓄全部投入,又向家人借了10多万,就这样"赌"起了自己的未来。

---

[1] 刘强东从小被村民称呼"大强子",他在成名后依然对村民自称"你们的大强子"。

当刘强东把24万元摆在餐厅老板面前的时候,老板惊呆了,难以置信地问:"小伙子,你都不讨价还价吗?"

刘强东说:"我喜欢的东西不需要讨价还价。"

老板又问他:"那你对经营餐厅有什么打算?"

刘强东回答得信誓旦旦:"这是我事业的起点,不靠这一家餐厅赚钱。这是一颗种子,我把它做好以后要标准化,然后连锁化。"

老板听了以后,笑着对他说:"你小子以后有前途。"

见老板这么为自己考虑,刘强东对他的印象挺好。有了老板的赞许,他对自己的连锁事业充满信心。然而,年轻的他并未察觉,一场巨大的灾难正在悄然逼近。

缺乏实际管理经验的刘强东接手饭店后"走了捷径"。他保留了所有原有员工,职责也未进行重大调整,唯一做的改动就是稍微换了下店内装饰,就这样无缝衔接地开业了。他以为这样省时省力也省心,殊不知麻烦由此滋生。

起初,刘强东满怀热情和关怀,推行了一系列提升员工幸福感和效率的措施:首先,大幅提高薪资,将所有员工的工资翻倍,大厨的月薪从800元提升至1600元,这一举措在员工中引起了不小的震动;其次,他改善了住宿环境,将员工们从潮湿阴暗的地下室搬到了宽敞明亮的居民院中,两人一间,配备空调,极大地提升了员工的居住条件;再次,对员工的伙食进行改善,由之前的单调且质量堪忧的剩菜剩饭,变为了每餐两荤两素,确保了员工的饮食健康;最后,他将买菜和收钱的工作交给了员工,试图通过这种方式建立起一种相互信任的工作氛围。

然而,他的善意最终换来的是被无情地玩弄。员工看着老板这么稚嫩,便趁机大肆捞取好处,一边享受优渥待遇,一边在采购中虚报价格,导致饭店经营日益恶化。

起初刘强东身兼数职,既是管理者又是执行者,亲自打理财务和采购。但作为在校大学生，学业仍是主业，他每周只能抽出两天到餐厅处理事务。时间限制常使他无法及时采购新鲜食材，影响正常运营。这样的情况发生得多了，餐厅的员工们开始提出建议，将饭店的所有事务都交给他们去处理，刘强东则只需定期进行审核。刘强东深知这样的管理方式存在弊端，但在学业与事业难以兼顾的现实下，不得不接受了这个建议。

这些员工趁他不在，逐渐将餐厅的资源掏空。他们不仅偷食最好的菜肴，甚至还喝起了茅台酒。采购时更是肆无忌惮地虚报账目牟利，为克扣差价不惜多买无用的食材，全然不顾成本。这一点，对于日后的京东影响深远，刘强东的经验总结是：永远不要让员工与供应商成为朋友。[1]

收银环节也同样糟糕。收银员瞒报营业额，每日收入由他们随意上报，少的钱自然流入了他们的口袋。这样的行为严重损害了餐厅的利益，也让刘强东的信任和付出变得一文不值。餐厅的经营每况愈下，而刘强东却蒙在鼓里，直到问题变得不可收拾。这些"社会人"，给年轻的刘强东上了深刻的一课，让他认识到了企业管理中的信任与监督缺一不可。

不过，员工带来的伤害，比起餐馆前老板带来的暴击，简直是小巫见大巫。刘强东原以为捡来了一个大便宜，实际上他是一头栽进了坑里。

饭店刚运营不久，前老板突然上门要求支付房租。刘强东感到困惑不解，他以为买下了饭店，无须再支付房租。前老板却从容地拿出合同，只见上面明确写着："24万元是购买餐厅的名称和设备，并没有包括房屋所有权。"刘强东听后，气得哑口无言，他原以为24万元

---

[1] 永远不要让员工与供应商成为朋友．百家号自媒体．胡华成．2023.7.12.

的价格包含房产。

在寻求律师的帮助后,刘强东才明白了合同条款的真实含义,意识到被前老板巧妙地误导了。尽管充满了不甘和无奈,他仍然不得不每月支付房租,这个教训让他深刻体会到了人性的黑暗以及商业交易中的风险和复杂性。

然而,前老板带给刘强东的"惊喜"远不止此。半年后的某天下午,几位身着正式制服的拆迁办工作人员突然出现在饭店门口,他们面无表情地递给刘强东一张纸。刘强东接过来一看,眼前一黑,几乎当场晕厥。通知上清清楚楚地写着:"一周内必须停止一切营业活动。"

这一刻,刘强东终于明白了前老板转让的真正原因。原来,这一切都是一个精心设计的陷阱。前老板早已得知拆迁的消息却故意隐瞒,将这个烫手山芋转手给了他。刘强东又气又恨,也只能接受现实,按要求关闭了饭店。

这次创业,不到一年的时间里,刘强东背上了 16 万元的债务。他从资金充裕的大学生,一夜沦为负债累累的倒霉蛋。生活从云端跌落到谷底,经历了人生中最痛苦的一段时光。

但是强人就是强人,面对此境,刘强东并没有想不开,也没有丧失创业的信念。痛定思痛,他把这一切归因于自己管理经验的缺失:

"对这件事情(开餐厅)我很痛苦、很伤心,那种痛苦和伤心不是来自金钱的损失,更多的是对人性的某种失望。但是我在反思,我作为一个在校大学生,为什么第一次创业这么惨?我想应该是我的管理出了问题,我应该学点管理知识。当你的企业没有很好的管理机制,或者当你的管理机制失灵的时候,在几乎毫无管理和监控系统的公司里面，慢慢会把人性的坏给发挥出来。"[1]

第一次创业惨败虽让刘强东短期内身心俱疲，却丝毫未动摇他的创业梦想。这段糟糕的经历，更成为他日后成功的宝贵财富，为他未来的崛起埋下了坚韧的种子。

---

[1] 刘强东应邀在牛津大学赛德商学院发表演讲时语，2018年6月13日人民网载。

日企打工首次接触物流

对于开餐厅的失败，刘强东感到最愧疚的是父母辛辛苦苦积攒的养老钱付诸东流。每当想到父母的晚年生活，他的心就无法平静。刘强东发誓，一定要重新站起来，给父母一个安稳的晚年。

拿到毕业证后，刘强东正式踏入社会。未来何去何从，他必须抉择。继续创业，他没钱；找人合伙，他也没钱。但刘强东没有放弃，决定从最基础的工作做起，踏实上班，积累经验和资本。

1996年7月，刘强东暂时搁置了创业的梦想，选择了一条更稳健的路——进入职场。他的目标明确而简单：尽快挣钱还债，同时弥补管理短板。

他最终入职了一家名为深圳日宝来福磁性健康用品有限公司的日资企业。尽管这家以生产磁疗床垫为主的公司因其独特的营销方式颇受争议，但刘强东看中的是这里能够提供的稳定收入和潜在的学习机会。

凭借中国人民大学毕业生的身份，刘强东在求职市场上颇具竞争力。投出几份简历后，短短一个星期内就接到了多个录用通知。然而，他最终选择了日宝来福，每月3000多元的高薪在当时极具吸引力。要知道，当年北京市平均工资还不到800元[1]。

---

[1] 根据北京人社局的官方信息，1996年北京市职工的年平均工资为9579元，折合月平均工资约为798元。

刘强东应聘的职位是电脑管理，全面负责华北地区的信息系统。他每日将各类信息准确录入电脑，并通过 Modem 向深圳总部传输单据，确保总部对账工作的严格进行。日企的精细化管理，如无缝衔接的流程和精准的数量把控，深深触动了他。

当时，同样在这家日企工作的严晓青（后成为京东总经理，工作9年后辞职创业）看好刘强东的潜力，推荐他担任库管。遵循日企提拔人才不成文的规定，刘强东被派往北京大红门库房。这是他第一次接触物流。

在大红门库房中，床垫是最贵重的物品，磁贴则相对便宜，几块钱的磁贴能迅速活血化瘀。此外，还有随床垫赠送的彩纸，每种床垫配套的彩纸数量都有明确规定。每年需配送十几万张彩纸，每张纸虽几分钱，但成本不容忽视，因此连纸张都需要严格盘点。一次盘库结果显示纸张误差 13 张，日本上司指出，在日本企业没有"误差"只有"错误"。但在中国，他们学会接受一定误差，归咎于印刷厂的不精确。如果印刷厂能保证绝对准确，库管同样不能有丝毫差池。

作为公司电脑担当，刘强东深知信息系统与物资、财务的对应关系。接手库管后，他更体会到日企管理的严密性。先后作为电脑担当、销售担当和库管担当，他深入掌握了管理核心，意识到之前餐厅的失败源于管理不足。当时，这家日企招收的应届生多来自清华、北大、复旦等名校，即便在如此高素质的团队中，公司仍需严格管理以确保成功。刘强东由此领悟，面对员工时，缺乏严密的制度和监管才是症结，他不再怨恨昔日餐厅员工的违法行为。

"自从管了库房之后，我很快就明白了，餐馆倒闭那都是我的错，因为我没有制定严密的管理制度，细则都没有，没有进行监督，也没有建立财务系统和流程，防范漏洞。对员工一定要信任，但信任不等于没有管理。让你加入团队就是信任，但要通过制度、规章、流程加以管理,有互相监督的体系。所以这次工作给我最大的教育就是,一个企业没有管理,出问题是必然的。你不能去埋怨员工,不能说我作为老板对你这么好,而你这么负我,觉得他不对。"[1]

当餐厅关闭之际,刘强东曾经生气地对那十几位"忘恩负义"的员工撂下狠话,希望此生不复相见。接手库管后,他才真正释怀。格局打开后,他看清了问题本质:餐厅的倒闭完全是自己的责任——缺乏严谨的制度、详细的细则、有效的监督,以及完善的财务系统和流程,未能防范潜在漏洞。自此,他选择了释怀。

在日宝来福工作的一年多里,刘强东不仅深刻体会到了精细化管理的重要性,更找到了自己第一次创业失败的根本原因,这段经历让他更加明白管理在企业运营中的核心地位。

此外,日宝来福实行的轮岗制度为刘强东提供了全面了解企业运营的机会。他不仅负责信息化,还参与了物流、采购、销售等各个环节的实践。这些轮岗经历让他对企业的各个方面有了深入的掌握,为其后创立京东打下了坚实的基础。

更重要的是,在日宝来福工作期间,刘强东接触了直销模式。直销在中国充满争议,但它最初的设计理念是通过直接向客户销售和服务,大大减少了中间环节,提高效率和客户满意度。这一理念对刘强东影响深远,正是这种去中间商化、惠及消费者的思路,为京东"让购物变得简单、快乐"的使命奠定了基础。

受此启发,刘强东开始思考如何将这种高效的商业模式应用到电商领域。他意识到,通过自建物流体系,可极大提高电商平台的配送

---

[1] 语出刘强东2014年4月18日在母校中国人民大学所作的分享演讲。

效率和服务质量，改善客户体验。这种想法在他心中生根发芽，最终促使他在创立京东后，毅然决定用10亿美元豪"赌"自建物流。此为后话。

整体来说，刘强东这段打工经历颇为顺心。然而，好景不长。1997年，国家开始意识到直销模式的潜在危害并着手打击。作为行业代表，日宝来福首当其冲，遭受重创。主营业绩骤降，员工纷纷离职，公司陷入了前所未有的困境。面对这一严峻形势，日宝来福被迫做出战略调整，宣布改做批发生意以求生存。

而此时的刘强东已经还完债务。当然，并不只是全靠工资。在日企供职的闲暇，他继续投身编程之中，为建筑集团公司编写视频及受控文件管理系统，赚取额外收入。经过一年八个月的辛勤努力，他终于全额赚回了亏损的16万元。那段时间，他几乎夜以继日地编程，有时为了赶工甚至彻夜不眠。面对诱人的报酬——5万元，他毫不犹豫地接下了这项工期紧迫的任务，深知只有全力以赴才能赚得这笔钱。

还清债务后，刘强东手头还剩下了1万多元。此时，他已不再满足于在公司打工，因为该体验的都体验过了，该学的也都掌握了。内心深处的创业激情再次涌动，他准备第二次尝试，创立属于自己的公司。于是，他选择了辞职。

发现"中关村秘密"

辞职后,刘强东成为名副其实的"无业游民"。为了缓解心理压力,也为未来的重新起飞积蓄能量,他回到了家乡——江苏省宿迁市来龙镇光明村。此时他的心中五味杂陈。

在这段看似闲适的日子里,刘强东整日埋头书海,不断汲取知识,为接下来的创业悄悄积聚力量。经深思熟虑后,他得出结论:与其在半死不活中消耗青春,不如再次放手一搏。他坚信,人只有在压力下才能成长,只有在创业的过程中才能体会到真正的紧张与刺激,从而成就自我价值。刘强东骨子里的创业冒险精神,源自于家族基因。他曾坦言,自己对创业的偏爱深受父亲影响。

刘强东小时候吃过很多苦,穷到吃一碗猪油汤拌过的红薯玉米就觉得是美味。但父亲创业后,家里的生活水平提高了不少。当年,刘强东父亲毅然辞去稳定的工作,把家里能卖的都卖了,还向有钱的亲戚"东借西凑"借了两千元,买下一艘船跑起货运生意。父亲这种魄力,深深地震撼了刘强东。

"那时候全村人都在种地,都没有发家致富的概念,'万元户'更是空中楼阁,'楼上楼下、电灯电话'这就是四个现代化了,可还是传说中的东西,想都不敢想。那个时候,父亲也有铁饭碗,为国家工作,但他竟然在1982年辞职,借钱孤注一掷'创业'，如果败了就一辈子翻不了身了。对农民来讲，那个时候借2000块钱，可能一辈子都还不起。在那个年代，父亲创业所需要的勇气肯定比我创业时大多了。"[1]

刘强东回家"蛰居"的目的，除了充电，更是从父亲身上汲取力量。他不断地告诉自己，父亲创业年代何其艰难都能成功，自己没有理由失败！绝对不能因为一次开餐厅的小挫折，就丧失了创业的信念！

除了父亲这位"旧时代创业前辈"，刘强东还在新时代创业者身上找到了榜样。细致观察中国商业环境后，刘强东发现那些崛起的成功者，和父亲一样，都拥有搏击市场的大无畏精神。例如，李国庆创办了当当网的前身——北京科文国略信息技术公司和科文剑桥图书公司；张朝阳借助风险投资创立了爱特信公司（搜狐公司的前身），成为中国第一家通过风险投资资金建立的互联网企业；而马云则加入了中国外经贸部，负责开发官方站点及中国产品网上交易市场。这些"敢为天下先"的创业者们，成为刘强东后来挑战自我、追求卓越的强大动力。

刘强东回忆道："那时，我心中涌动强烈的独立创业的渴望，毕竟已有过创业的经历。我就像孙悟空见到心仪之物时那样，抓耳挠腮，按捺不住冲动，完全无法控制创业激情。"随着观察思考的深入，刘强东的创业愿望日益炽热。1998年3月，在反复权衡之后，春节刚过，他便整理行囊告别家人，再次踏上开往北京的列车。

春天的北京生机盎然，道路两旁繁花似锦，弥漫着五千年文化的深厚底蕴。阳光透过新绿的树叶洒在刘强东的脸上，他深吸一口气，感受着城市的活力和希望。尽管此时他仍未能有所成就，但经过长久

---

[1] 2014年刘强东接受《财新传媒》总编辑胡舒立专访时语。

深思，心态已然成熟，褪去稚嫩、狭隘和冲动。

抵达北京后，刘强东安顿好自己。他住进一间简朴的出租屋，虽然条件有限，但他的心中充满了对未来的期待。他站在窗前，望着远处的天际，心中默念着创业计划。随后，他满怀信心地迈向了当时北京的创业圣地——素有"中国硅谷"之称的中关村。

中国改革开放四十年历程中，安徽小岗村与北京中关村尤为突出，分别代表农村改革与科技创新的重要里程碑。1984年9月11日，《北京日报》头版刊登《开创中国式硅谷的探索》一文，首次将中关村与美国硅谷相提并论，指出中关村有望成为中国版的硅谷。文章强调，随着创新型技术公司聚集，中关村的科研成果将迅速转化为实际生产力，推动区域乃至全国的科技进步与经济发展。联想等企业入驻后，中关村逐渐成为科技改革示范区，无数科技精英在此逐梦。

刘强东便是其中的一员。大学时代，他的心中就种下了中关村的梦想种子。中关村最早以"电子一条街"闻名，聚集了大量的电子产品销售商和科技企业。因为人大离此很近，大学期间刘强东常与同学结伴而来，目睹的不仅是草根创业者的汗水、密集的摊位，更是无处不在的奋斗身影和足迹。尽管这里不乏水货、宰客、诚信缺失等乱象，但那"冒险一搏"的氛围却深深吸引着他。

1998年的中关村正处于重要的转型期，正从电子一条街逐步发展为科技创新中心。刘强东"杀回来"的时机刚刚好。那时中关村还破破烂烂的，但大街小巷创业气息浓厚，各种高科技公司和创业团队在这里聚集。

当时刘强东手头还有几个程序没编完，他利用一切空闲的时间，白天骑着自行车穿梭在繁忙的中关村大街小巷中，深入各个摊位，与商户交流，观察交易方式，了解市场动态。他关注顾客需求，分析市场趋势，试图从中找到属于自己的商机。夜幕降临，他便带着一天的收获和疲惫骑车返回住处，继续投入编写程序之中。

经过两个多月的"闲逛"和"偷窥",看着商贩们进货、拿货,听着一个个发财的故事,刘强东逐渐摸透了中关村的生意经。他洞察到了一个惊人的秘密:中关村的多数商户都在炒货。用老北京话来讲,就是当"倒爷"。

表面上,柜台上的电脑、鼠标、网线、光盘琳琅满目,应有尽有,但实际上,这些只是吸引顾客的幌子。商户们的库房里往往没有现货,当顾客询价时,他们会假意讨价还价,一旦成交便迅速跑到其他柜台找货,而顾客却以为他们是从库房取货。

这一发现让刘强东看到了商机。回到住处,他细细盘算:顾客等待时间通常在10到20分钟,如果能缩短等待时间,就能抢到更多生意。最重要的是,取货不需要太多的本钱,非常适合他这样积蓄不多的年轻人。这个念头让他兴奋不已。

随后,刘强东通过义务帮人看摊等方式深入观察,摸清了其中的门道,直到对中关村的电子产品买卖了如指掌,攒足了信心,他才决定正式投身其中,大展拳脚。

创业有一条铁律:"不熟不做。"创业绝非简单的商业游戏,而是对个人能力、市场洞察和行业理解的全方位挑战。盲目进入陌生领域,很容易因为缺乏知识和经验而失败。刘强东第一次创业做餐厅失败,正因为对餐饮业一窍不通。他吸取了教训,这次选择自己熟悉的电子产品领域,且在正式踏足前做了充分的市场调研和行业分析,可谓谨慎之极。正是这些周密的准备,为他后续创业成功奠定了基础。某种程度上,后来的京东也像是一个"炒货"平台。也就是说,刘强东这次选定的,是终身创业方向。

第二章

中关村站柜台起家

　　从无到有、从零到一的创业突破，总是格外引人关注。创业者如何闯过这一关，要靠冲动还是自信？成功者是偶然的幸运还是必然的宿命？对此，刘强东说："最重要的是要有梦想，不是只有想想而已，而是要通过行动去执着追求。"

为偿债，中关村摆摊

正当刘强东在中关村进行市场考察时，家里突遭变故：家中赖以生存的40吨铁皮船在京杭大运河运输货物时意外进水，导致船上全部家当和刘家父母20年的心血付诸东流。刘强东的母亲悲痛欲绝，但一直瞒着远在北京的儿子。刘强东打外婆家的固定电话，好几次都是母亲接听的，他这才觉察到不对劲：平日在外忙碌的母亲怎么突然闲下来了？在他的追问下，母亲无奈说出了实情，并且反复强调，不要为家里担心，她和父亲计划借钱跑船。刘强东却坚定地制止了，别再跑船了，债务他来还。

这场变故，让原本徘徊犹豫的刘强东彻底踏上了创业之路。1998年6月18日，年仅24岁的刘强东用这两年积攒的12000元资金，买了一台二手电脑和一辆二手三轮车，入驻中关村海开市场，开始了创业征程。这次创业，刘强东做足了准备。

经过深思熟虑，他选择了"多媒体"这一创业方向。他精通编程和视频编辑，不愿随大流进入传统的主板和硬盘行业，他认为那是一条标准化严重且没有前途的道路。他渴望从事有技术含量、新颖且利润更高的工作。

当时，多媒体行业刚崭露头角，Sound Blaster、创新CREATIVE等品牌如日中天。他熟悉BroadWay（百老汇压缩卡）和阿帕罗，可以说是亲眼见证了阿帕罗从第一代到第四代的演变过程。于是，他和几位合作伙伴一起买断了阿帕罗第四代产品，推出了自己的压缩卡。

由于当时电脑 CPU 压缩速度太慢，压缩卡成为多媒体行业的必需品。而且，这种压缩卡可以与 Premiere 软件配合使用，那时 Premiere 的最高版本还是 4.2。这些细节，他都记得清清楚楚。

当时的中关村，中海市场、硅谷、太平洋这些地方，人流量大，租金也很高，动辄一二十万元，还要一次性支付一年，他租不起，最终选择了相对便宜的海开市场。

海开市场，很多人可能不知道这个地方，它位于现在的海龙大厦前，是一栋破旧的小房子，属于海淀开发集团。市场里总共有 34 个柜台，生意最好的时候也只租出去了 7 个，其余的柜台常年空置着。虽然地理位置不错，可因为处于二楼，再加上规模太小，人流很少。当时，其他柜台大多经营二手电脑配件，如回收旧主板、显示卡等，焊接翻新后再销售。

因为缺乏创业经验，再加上资金实在有限，贪便宜的刘强东租下了海开市场的柜台——面积仅仅 3.2 平方米，月租金 2000 元，押一交一。为了展示产品，他又攒了两台多媒体设备。这时，手里就只剩 400 元了。用这点钱，他印制了 1 万张 A4 纸大小的黑白宣传页。

当天，刘强东看着自己的小摊位，内心感到了一种久违的踏实和满足。可惜，女友龚晓京并不认同。两人交往了挺长一段时间了，感情很深，龚晓京亲眼见证了他之前开餐厅失败的惨状，认为他不应该重蹈覆辙，而应该考研或找份体面的工作。但刘强东心意已决，认准了要从零开始创业，并表示即使再赔一次也在所不惜。

刘强东考察市场时，龚晓京全程陪同，也跟着他走遍了中关村的角角落落。她深知当时的中关村有多混乱，见他执意要摆摊，忍不住质问：「你这辈子就甘心和这些卖盗版货的人混在一起？」对此，刘强东有自己的一套见解：

"如果我发现一个行业太乱、太糟糕,简直可怕,那就是巨大的机会,一定要进去。只要我的商业模式能够解决问题,就一定能够获得成功的机会。"[1]

他的固执让龚晓京很生气,可又说服不了他,只好转而支持。

刘强东做的是卖刻录机、压缩卡(用于将录像带转换成VCD)以及光盘的生意。当时,中关村做同类业务的公司有十几家,年销售额动辄上千万。相比之下,他的摊位就像大象面前的小蚂蚁,小到被大公司视而不见。然而,刘强东却坚信,再小的店铺也有希望。

创业之路从来都不是件容易的事。二楼的摊位,客源稀缺,在此经营的商户似乎都习惯了"坐商"模式,每天生意冷冷清清,却毫无改变的意愿。作为名牌大学的毕业生,新来的刘强东不甘心"坐以待毙"。他先是主动制作了醒目的横幅"买刻录机请上二楼",悬挂在一楼显眼处;又印制了一批新的宣传单,亲自下楼发放,风雨无阻地积极推广生意。

他每天站在海龙大厦熙攘的人流中,逢人便问:"要刻录机吗?要压缩卡吗?要视频吗?要编辑吗?"每发100次宣传页,顶多一两个人会拿,多数人会投来一道鄙夷的目光,然后绕着他走开。刘强东最害怕的就是碰到同学,那会让他无比尴尬。他每天站在那里,提心吊胆。毕竟,中关村就这么大,学校又离得近。他没告诉任何人自己在中关村摆摊的事情,因为一个人大毕业生站柜台,在当时是一件很丢脸的事。

那个年代,名牌大学毕业生的理想出路有三条:去政府部门当官、出国或去外企。像他这样去站柜台卖电脑配件,是众人眼中的"走下

---

[1] 2018年6月12日刘强东在牛津大学演讲时语。

坡路"，会让人瞧不起。

幸运的是，他并没有遇到同学或熟人，却撞见在日本公司时的同事。他辞职时没说去站柜台摆摊，结果在电脑市场被同事和她的男朋友撞了个正着。那一刻，他真想钻进柜台底下去。很快，原公司的人就都知道他的事了。

当时，他面前困难重重：没钱、没人、没渠道、没客户也没技术，更重要的是——没人相信他。那时买刻录机的大多是企业客户，几乎没有个人客户，而企业客户会更看重合作伙伴的实力、经验，而这些优势他统统没有。

起初，生意非常惨淡，即使他每天坚持发放宣传页，也鲜有顾客上门。直到第21天，他终于说服了一个路人跟着他上了二楼，成交了一台刻录机——松下7502B，两倍速的。他记得很清楚，当时他的进价是2750元，以3000多元的价格卖出，赚了几百块钱。这位客户是给银行买刻录机用于备份资料的，后来还给他介绍了些生意。就这样，他的生意慢慢有了起色。

如果第一个月一旦没成，他恐怕就得关门了，因为柜台是押三交一，每个月都要支付柜台费。幸运的是，第一个月，后续又做成几单，不仅赚回了首月租金，还够续租。三个月后，生意逐渐有了起色，他一个人忙不过来了。第四个月时，他雇了第一个员工——韩景辉，接着是张奇，这两人现在仍在京东。他创业头三年雇的员工至今只有三四个人离职，绝大部分人已经在京东工作十几年了。

除了柜台，刘强东还在中关村后面花200块钱租了一间民房作为办公场地。房子很简陋，房顶是石棉瓦，墙壁是砖头，四处漏风。从外面能看见里面，格外通透。如今，那里已经变成了高楼大厦。

创业条件异常艰苦，但是上天向来眷顾努力的人。一两单、几百块的收入，就像一缕缕微光，照亮了刘强东迷茫的创业之路。

明码标价，只卖正品

当时，中关村许多商家的经营模式大同小异，老板培训员工时，常强调如何将一台25000元的笔记本电脑卖到35000元。此外，中关村还流传着十大"招数"，专门教人如何欺骗顾客。但刘强东坚决杜绝，他要改变这种混乱的局面。

刘强东坚持两项原则：一是明码标价，薄利多销；二是专注提供优质服务。他相信，尽管初期不被客户理解，许多人可能会因为讲不下来价而离开，但三个月后，局面肯定就会好转。因为客户会发现京东标定的价格完全对得起产品品质。随着口碑的传播，客户数量必定会增加。

柜台开业的第一天，刘强东就执行了明码标价的策略，并且坚持为所有产品提供发票。开发票，不仅仅是一种商业动作，更是他的强烈宣示："我卖的是正品。"

当年，工商局曾对京东多媒体进行过为期三天的检查，结果证实：没有逃税、没有水货、没有假光盘。这次质检，有力印证了刘强东的商业诚信和正品策略。

要知道，当时仿制光盘的操作极其简单，只需用丝网印刷在空白盘上加上logo，配上与正品无异的包装盒，便能获得远超正品十几倍的毛利。然而，刘强东坚定地拒绝销售山寨货，始终老实地售卖正品，并按照较低的利润率定价。名牌大学毕业的他很清楚，"人间正道是沧桑",非法生意难以长久。

别人卖盗版光盘能赚10元,刘强东卖正版只赚1元。即便如此,刘强东也不羡慕。农村出身的他,骨子里很讨厌投机取巧和牟取暴利行为。

"你不能老指望暴利,从创业开始到现在,在我的经历里从来没有暴利的概念。中关村很多商家最大的问题是什么?老有暴利的概念,老想在哪儿拿一个5000万的单子,挣2000万。我们从创业第一天开始,到今天为止,就是细水长流,薄利多销,规模为首。"[1]

他坚信走正道、依靠薄利多销,才能实现规模化经营,在行业中掌握话语权。因此,他致力于扩大销售规模,通过低价吸引更多消费者,逐步提升京东在市场中的地位和影响力。这种战略思维为京东日后的快速发展奠定了坚实基础。

创业初期,因坚持不赊账,刘强东还没有能力组装和销售整台电脑,因为客户通常在机器完全组装好后才付款。因此,他主要销售电脑配件。几个月的努力后赚了一些钱。期间,他频繁走访电脑市场,在附近市场里结识了一些人,也开始涉足多媒体和视频压缩系统领域。

---

[1] 2011年6月30日,竞争对手太平洋数码城关闭,刘强东在微博如是评价,全段为:"昨夜和一些友人聊天,一同学说恭喜你们杀死了太平洋数码城,惊愕!其实不是京东们革了你们的命,而是你们自己!扪心而问,你们做了多少偷梁换柱的勾当?卖了多少水货假货?暴打了多少客户?这是因果报应!你不能老指望暴利,从创业开始到现在,在我的经历里从来没有暴利的概念。中关村很多商家最大的问题是什么?老有暴利的概念,老想在哪儿拿一个5000万的单子,挣2000万。我们从创业第一天开始,到今天为止,就是细水长流,薄利多销,规模为首。"

实际上，大多数客户购买这些系统是为将录像带转换成 VCD，这在 20 世纪 90 年代末非常流行。市场上 VCD 的广告铺天盖地，存在着庞大的市场需求。结婚必有录像带，这种需求十分普遍。当时中关村也有商家销售这类系统，但价格昂贵，一套高达 5 万元，利润可达三四万元。而刘强东销售的第一套系统明码标价 18888 元，且不接受砍价。

在坚持低价惠民的同时，刘强东极重视品牌和信誉。跑船的父母从小教育他：只有讲信誉，生意才能做长久。

那时，兼容机的机箱前面通常贴标贴，大多数人会选择贴上免费的"Intel inside"标志，这是购买 CPU 时附赠的产品。然而，刘强东则选择花高价制作"京东多媒体"的专属标贴，贴在了每一台机器上，彰显品牌特色。

细心的刘强东观察到，购买压缩卡的主要客户是县城中 40 岁以上的中年人，最早的一批是经营婚纱影楼的业主。这些人在当地颇有影响力，虽然不懂电脑，却有着将录像带转换成 VCD 的迫切需求，因为能够提供这项服务的影楼生意异常火爆。因此，影楼业主们纷纷前来购买 VCD 制作系统。

由于这些客户缺乏电脑知识，且在整个县里都找不到能够熟练操作设备的人，他们常常带着大白布包裹的主机，来到中关村求教。然而当时这类产品非常畅销，销售人员忙于销售，无暇顾及培训，即使客户愿意支付费用也不教——毕竟卖出一台赚三四万，谁愿意浪费时间搞培训。

刘强东则采取了不同的策略，他激进降价，将系统定价在 18888 元至 28000 元之间，比市场价便宜一半，但收取 2000 元的培训费，并赠送 10 张包含各种歌曲和图片（如雪景、草原、大海、日落等）的光盘。他原本提供一周培训，后来发现时间不够，就延长至 15 天。这一招吸引了不少客户。随着业务发展，他开始招募员工，韩景辉等人便是从培训工作起步。

在刘强东卖出第四套系统后,发生了一件趣事。一对河北沧州的夫妻在中关村到处寻找"京东多媒体"。这对夫妻之前已经花费5万元购买了一套其他品牌的设备,但使用起来并不顺利。听说有老乡从京东多媒体买的设备,不仅包教包会,还免费提供片头,便决定找刘强东再买一套,主要是为了得到培训。

刘强东报价后,对方欣然答应。夫妻俩提到,之前购买的设备操作复杂,甚至拍摄时经常忘记关闭镜头,导致转成的VCD中包含垃圾场景。而老乡的京东设备能够轻松剪掉这些场景,还能编辑字幕、添加特效、配上浪漫的歌曲,使得生意一夜之间火爆,门口排起了长队。

相比之下,他们的生意格外惨淡。当他们发现老乡电脑上贴有"京东多媒体"的标志时,便决心找到这家公司。"京东多媒体"在中关村并不显眼,只是个小柜台,老两口寻找多日才找到了刘强东。看到刘强东真心提供培训,他们当即购买。经过刘强东等人的耐心培训他们的生意也逐渐好转。十年后,这对夫妻再次来到北京,特意给刘强东带来了沧州的特产以示感谢。

口碑的力量是巨大的。正如刘强东所料,三个月后,他的柜台前每天都热闹非凡,顾客们纷纷排队购买他的产品,以至于他不得不经常加班加点以满足需求。那时,他的生意还没有建立严格的核算制度,采用按月核算。尽管如此,第一年结束时,刘强东的盈利已经相当可观。

一下子被骗走30多万

然而，第二年刘强东的全部财产就被骗光了。当时中关村骗子横行，一方面电子市场内欺诈行为频遭曝光，包括强买强卖、调包、恐吓、威胁等。例如，有消费者投诉称在购买二手相机时遭遇调包、强买强卖，甚至遭到恐吓威胁。另一方面，一些高端骗子则专盯卖家设局。他们布下陷阱，伪装成进货大户，让卖家先尝点甜头，再狠狠坑害。

1999年，刘强东就是这样被骗走了大笔钱财，其中最狠的一个骗子，办公室就设在北京友谊宾馆。友谊宾馆是中关村附近最豪华的宾馆。骗子租了一间办公室，先向刘强东购买刻录机，那时候雅马哈刻录机是最昂贵的产品。刘强东的刻录机源自清华同方和方正科技，方正科技是雅马哈中国区的代理商，他拿的都是正版货。

骗子买了一台刻录机，付给刘强东一张支票。因为骗子太多，行业规矩是先入支票再交货。刘强东没轻信，让财务当场去银行查询，确认支票无误后现场入账。第三天，钱也顺利到账。

后来骗子又购买了5台刻录机，价值1万多，再次支付支票同样入账，第三天钱也到账了。当时银行效率低，入账需三天，但当天可以查询。刘强东每次都让财务人员到银行核实支票真伪，可谓谨慎，但骗子的套路防不胜防。

第三次交易时，对方首次向刘强东"讲故事"，声称自己是做银行生意和系统集成的，公司在友谊宾馆，还带刘强东参观了办公室。

刘强东一看能在友谊宾馆租办公室，觉得是大公司，因为刘强东自己租的是小柜台，在他眼里友谊宾馆的公司简直是"超级大公司"。

带刘强东参观后，对方表示要进100台刻录机用于银行数据备份，每个分行发一台，声称前期测试已通过，选定雅马哈了，且100台刻录机银行明天必须要，因为年底业务繁忙。

刘强东的供货商是三家中关村知名刻录机公司。为了准时送货到友谊宾馆，他不惜租了4辆大平板车，带着韩景辉、张奇、辛波三名资深合伙人，分别坐在大平板车后面，把货送到了友谊宾馆。送货时刘强东还特意嘱咐辛波要盯着对方。

货送到对方办公室后，就在友谊宾馆的院子里，辛波一直盯到凌晨一点。然后打电话汇报，对方下班了人走了。刘强东问刻录机是否被搬走，辛波回答："没有，所有东西都在办公室，但人下班了。"辛波又等了两三个小时，对方也没回来。他也留了个心眼儿，继续多等几小时，确认后才通知刘强东。刘强东觉得没问题了。

然而，第三天下午，银行退回了支票。刘强东他们到友谊宾馆一看，所有刻录机不翼而飞，连传真机都搬走了。

这次交易让刘强东损失了30多万元。骗子不仅购买了刻录机，还要了一大堆其他东西。当时骗子告诉刘强东，自己不愿意与无良商家打交道，虽然只买刘强东的刻录机，但希望刘强东能顺便为他采购一些硬盘。刘强东原本不卖硬盘，但在中关村已经做了一年生意，认识很多人，于是他通过"扎货"[1]的方式，为骗子采购了价值十几万元的货物。

事情发生在1999年夏天，刘强东二次创业刚满一年。这次交易几乎赔光了他第一年赚的所有钱。之前他也被骗过三四次，但最多只损

---

[1] 商户间调货，行内称为"扎货"。

失了几万块钱,而这次一下子被骗了30多万元,让他痛心不已。

尽管损失惨重,刘强东并没有逃避责任。他后来还清了所有欠账,一分钱没欠别人,因为他认为那是自己的责任,不能怪别人。

好在,诚信的名声传开后,刘强东的生意越来越红火,每天都有很多人排队购买。他和伙伴们天天加班,周六日也不休息。刘强东并没有强迫大家加班,因为那时候本来就是六天工作制,所有公司都只放一天假。尽管他拼命招人,却始终缺人手。因为信誉做出来了,他的公司成了中关村最大的视频制作系统公司,京东多媒体卖得最好。全国很多地方的人都来购买京东多媒体的产品,因为信誉好,在当时平均每天可以卖出10套。

1999年11月,刘强东将公司搬到了北大资源西楼,那时这座楼刚建好不久,在中关村也算是不错的写字楼,性价比很高。刘强东最初租了一个房间,编号为2422,约20平方米,这是他的第一个办公室。随后,他又先后租下了2423号和2426号房间。其中2426号是24层最大的房间,面积达五六十平方米。刘强东以每半年加租一个房间的速度,最终搬走时他已经租下五个房间。

2002年,他在银丰大厦购买了一间188平方米的办公室,位于1202室,这间完全属于他自己的办公室,成为他创立京东电商的起点。

在创业的前三年,刘强东的父母都不知道他在做什么,他一直谎称自己在外企工作。直到2001年,他的母亲感觉不对劲,突然有一天打电话说:"我已经在北京西站了,你过来接我。"这时他的秘密才被揭开。

刘强东的母亲见到他的第一句话是:"现在我很后悔,当初不应该跟你爸爸创业,应该带你。"言外之意是觉得自己没有教育好他,让他去中关村摆柜台,走了下坡路,做了错事。她的失望与自责让刘强东非常痛苦。

在刘强东的父母看来,创业就是为了钱,他放弃正道去创业,一切只为钱。同学也用异样的眼光看他。如今大学生创业被社会广泛认可,但在当时很难被接受。尤其作为一个外地人来北京,没资金,没技术,没人帮,一切都从零开始,周围大部分人都无法理解。

对刘强东来说,站在马路边发宣传单、被骗子骗光钱财,都不值一提。他创业前三年最大的痛苦就是,感觉世界上无人能理解他,连父母和恋人都不理解。那种创业的孤独感,最折磨人。刘强东不矫情,面对不理解,他没有四处叫屈。多年后,他才袒露心声:

"当初选择离开外企,去中关村创业的时候,真的就是抱着梦想,很大的梦想。如果为了钱的话,我可以选择出国,可以选择到大企业继续做。但我更愿意创业,我还是不喜欢被别人左右。"[1]

---

[1] 语出2017年"创梦中国"特别企划《人物志》系列的采访。

价格战后被迫转型

在 1998 年至 2001 年间,刘强东已经垄断了中国大约 60% 的刻录机及压缩卡市场。那时他不再亲自组装电脑系统,因为技术门槛已经很低。也就是说,中关村的大部分人都能组装。压缩卡和刻录机也是视频制作系统的一部分,而该系统当时已经没有什么技术含量了,Premiere 软件普及,压缩卡自带的视频制作软件也变得越来越简单。起初,市场上主要是卖美国的压缩卡,需要汉化。刘强东自己就做了大量汉化工作,插件也是他亲自汉化的。

到了 2001 年,刘强东虽然在北大资源西楼租了三四间办公室,空间仍然不够用,公司当时已有 18 名员工。那时,他已经拿到了方正科技的代理权,但他觉得这意义不大。尽管每天销售火爆,赚钱不少,刘强东却认为这种"搬砖头"式的批发毫无价值。他坐在办公室里,将货物销售到中关村的各个柜台,当时柜台卖出的刻录机几乎都从他那里进货。但他并不满足于此。

有一件事情深深刺激了刘强东。台湾的致盛集团,由铼德老板的儿子在台湾创立,最初从事铼德碟片的全球出口贸易。当他们来到北京后,惊讶地发现刻录机市场竟被刘强东的小公司垄断。

致盛与雅马哈、帝雅克、浦科特、建兴、源兴、明基等高端刻录机商家关系密切,无法想象一个小公司能通过刻录机代理赚得盆满钵满。于是,致盛就决定加入代理分一杯羹。由于致盛老板的铼德厂是全球最大的光盘厂,与全球刻录机、OEM碟片厂家关系深厚,他亲自出面为儿子说话。当时刘强东的生意做得风生水起,与供货商合作愉快,京东的信誉也极佳,对方不便直接得罪,便提出增加一家代理作为妥协。致盛随后在双安商场西面顶级IT写字楼——中关村数码大厦,斥资百万购置房产,高调加入了代理阵营。

原本市场上只有刘强东一家代理,才生意红火。当时中关村市场流窜着很多香港水货,市场上90%的名牌碟片、盒装碟片都是假的,但刘强东从未卖过一张假碟片或走私刻录机,反而打出金字招牌,无人能敌。

然而市场变成两家代理后,双方开始激烈竞争。最激烈时,那位年轻的台湾老板嚣张地扬言要耗死京东。双方打起了价格战,进口雅马哈刻录机从2700元一台一度压到1700元一台,等于是在赔本销售。

在价格战初期,致盛的人跑到海龙大厦贴红纸广告,宣称京东不如他们有实力,强调自己是拥有500万美元的大公司,而京东是"三无"小公司。他们承诺所有刻录机永远比京东便宜50元,无论京东如何降价,他们都会跟,直到耗死京东。如果京东将雅马哈刻录机降至50元一台,他们就免费送。

很多客户被抢走,但刘强东并未坐以待毙,他采取了一系列应对措施。例如,当致盛在电梯这边租柜台时,刘强东就在电梯那边租柜台,双方门对门相隔不到两米。致盛挂2650元,刘强东挂2600元。价格战就这样持续着,直至1700元。原本刻录机的批发价是2700元一台,每台赚几百,现在倒好,赔了上千元。

刘强东还采取了一招更狠的,劝来找他们购买的客户先别买,因为对方马上会更便宜,引导客户去致盛购买。随后他联系了几位关系较好的经销商,从致盛处购买刻录机,再拿到京东卖,这样每台机器只赔50块钱。如此操作下来,当价格降至1700元时,致盛的1500台刻录机全部售罄,亏损巨大。

不仅仅是刻录机,碟片也成了价格战的牺牲品,尤其是雅马哈品牌。双方针对单一SKU产品全线开打,因为谁出局就意味着失去市场。刘强东知道不得不打,否则立即失败。当然,他们策略明确,亏损也有多少之分,京东亏损了近一百万元,而致盛亏损了好几百万元。

一个月后,致盛公司扛不住撤走了,亏损额至少是京东的 10 倍。这场战役结束后,刘强东开始深思:批发模式过于依赖厂商货源,一旦断供立即失去优势。没有竞争优势,只有拥有资源的人才能赚钱;客户也不属于自己,而是属于中关村的各个柜台,接触不到终端用户,就没有真正的价值。因此在 2001 年年终大会上,刘强东与十几个员工深谈了几个小时,说服他们进行业务转型。

刘强东极力强调,虽最近在价格战中凭智慧取得险胜,但如果致盛公司真的投入 500 万美元与京东持续对抗,京东的账面上仅有千百万元,京东将无法承受消耗战,最终可能会陷入绝境。走了一个致盛,未来再来一个更强大的公司加入代理,京东该怎么办?

刘强东还指出,代理商作为流通环节中的一环,实际上并无实质价值,注定消亡。因品牌厂商或分销商完全有能力绕过代理,直接与零售商进行交易。代理商的生意看似简单,只要能拿到优质产品的代理权,快速周转即可轻松获利,短期安逸。然而,光磁耗材市场本身规模有限,成长天花板明显。即便做到龙头,年销售额也仅 6000 万,利润仅 300 多万,利润率低至 5%,较三年前初涉代理业务时已下滑 7%,且下降趋势仍在继续。"如果我们不进行转型,再拖延三年,后果将不堪设想,我们会陷入极其悲惨的境地。"经过刘强东深入浅出的分析,员工们最终理解他并接受了向零售业务转型的重大战略。

当时的电子市场格局中,联强[1]作为行业领头羊主导,神州数码虽然起步,但实力尚不及联强。刘强东向员工阐述:尽管联强看似不可战胜,但其前景并不乐观。代理模式终究会被厂商所抛弃,因为它

---

[1] 联强国际集团(Synnex Technology International Corporation)是亚太地区最大的 5C 专业通路商。

无法创造出真正的价值,因此联强的辉煌只是暂时的。他提出公司应该向神州数码学习,专注于终端用户:

> "公司要么向上走,要么向下走,停留在中间没有价值。向下发展的目标就是服务C端客户,即终端用户。只要掌握了终端用户,就不怕厂商不供货,即使雅马哈不提供货物,也可以销售其他品牌,不再依赖单一厂商。"[1]

于是,刘强东开始与厂商协商转让代理权,为转型铺路。最终,代理权移交给了中关村一家实力不亚于京东的公司。厂商对此并不太在意,他们只关心销量。由于代理权在当时是有偿转让的资源,京东还因此获得了一笔转让费。中关村的许多人对此不理解,认为刘强东的生意方式与众不同。京东相当于卖掉了代理权,赚取了少许转让费,并承诺以后从对方那里进货,让对方也能获利。刘强东继续销售刻录机,但不再批发,而是直接面向用户销售。他一夜之间卖掉了整个中国光磁产品的代理权,成为中关村第一个这样做的人。一些原本是他下家的卖家,现在角色互换,他们对此感到困惑不解。

在众人疑惑的目光中,刘强东开设了柜台,主要经营鼠标、键盘和刻录机。到2003年,他已经开设了12个"门脸儿",而不是柜台,这些门脸儿的面积从四五十平方米到七八十平方米不等。电脑城店铺分柜台和"门脸儿"两种,门脸儿通常是三面玻璃的结构,刘强东开的正是这种。京东多媒体在中关村的所有电脑城都落地生根,当时已经小有名气。第一家店开设在硅谷电脑城,随后在太平洋、海龙、鼎好等电脑城也相继开设了店铺。

---

[1] 刘强东自述:我的经营模式.中信出版集团,2016年6月.

要做下一个连锁王

从批发转型零售后,京东多媒体的盈利能力不如以前,但刘强东当时的目标是创建1000家店铺,立志成为电子行业内的苏宁、国美。

1990年,张近东在南京创立苏宁,最初名为"苏宁交电",专营空调销售。尽管当时中国商品经济尚不发达,但苏宁凭借几项创新策略迅速崭露头角,在整个江苏声名鹊起。同为江苏人,刘强东自然对张近东敬佩不已。

1992年,刘强东考入中国人民大学,"皇城"北京让他大开眼界。当时的国美凭借独特的经营模式和优质的服务,在京城家电市场里的地位举足轻重。刘强东在课余时间经常逛电器市场,他发现国美的门店总是顾客盈门,人们争相购买各种家电产品。这种繁荣景象激发了刘强东对商业的浓厚兴趣。就在这一年,黄光裕在北京率先尝试电器连锁,旗下门店统一冠名为"国美电器"。"连锁经营"的概念首次植入刘强东的脑海。

当他正式创业时,国美以首都为中心,店面已辐射到上海、天津;苏宁也不甘示弱,业务范围从空调专营店逐步扩展到电器、家电连锁,直至成为线上线下全场景零售巨头。国美和苏宁,一个南下,一个北上,成为不折不扣的"连锁大王"。

国美、苏宁的成功深深震撼了刘强东,他也渴望建立那样的连锁公司。当他手握1000多万元时,他便开始复制国美、苏宁模式,在全国开连锁店。那时，国美、苏宁只销售家电，不涉及IT产品。刘强东敏锐地意识到，这正是京东多媒体的机遇，一定要成为IT行业内的苏宁、国美，专注于终端用户。

在电脑知识尚未普及的年代，许多客户在购买了京东的商品后却面临如何使用的难题。刘强东常讲一个典型案例：一位来自山西大同的客户，竟然花费了整整三天时间，才学会在移动鼠标光标时不应将鼠标悬空提起的正确使用方法。这一经历让刘强东深刻意识到，为客户提供免费的电脑知识培训，既能解决他们的实际困难，也能成为吸引更多客户的重要途径。于是，他故技重施，启用了售卖影楼VCD时期的策略——为客户免费培训电脑知识。从那时起，"全国IT连锁"的宏伟愿景在他脑海中清晰成型。

为此，他开始和国美有了"亲密接触"。2001年初，刘强东迷上了逛国美商场。他频繁造访北京国美的各大连锁店，尤其多次光顾北太平庄的旗舰店。有时他会购买一些电器，有时则只是在店内闲逛，与销售人员交流，询问关于进货渠道、配送等各方面的问题。当时，国美在北京已拥有超过20家门店。

到了2001年5月，国美在全国一举新开13家店，这种迅猛的扩张速度令刘强东印象深刻。由此他大胆预判：像中关村电脑城这样的集贸市场式渠道，终将走向衰落。刘强东曾说过这样一句震惊业内的话：

> 做就要做全国性的连锁店，像国美一样，在全国开1000家IT SmallShop，让中关村电脑城消失。[1]

经过将近半年时间的"偷师"，刘强东得出的结论是，国美这种

---

[1] 刘强东：创业路上只想争第一. 新京报. 刘夏. 2013-08-14.

大规模连锁零售模式，也将是IT、3C产品渠道的未来。连锁经营通过标准化的模式，能在不同地区开设多家分店，共享品牌、设备、人员和供应链等资源，达成规模与协同的双重效应；连锁经营能提升品牌影响力、降低成本、提高运营效率、实现快速扩张，是企业发展的关键策略；凭借有效的复制机制，连锁企业不仅能够迅速扩大规模，还能在激烈的竞争中保持稳定的竞争优势。而传统的百货商场因品牌和商品同质化现象严重、场景单一缺乏吸引力，难以实现规模扩张；其转型滞后，不能及时满足消费者对便利性和个性化的需求，导致成功模式难以复制。因此，做IT数码全国连锁店，才是出路。

确定连锁路线后，刘强东在中关村苏州街上的银丰大厦开设首家零售店，取名为"京东多媒体"。

该店最初仅有两名员工，主要经营高端声卡、键盘、鼠标等毛利较高的电脑外设产品。从代理转向零售，最大的变革体现在销售模式上。代理业务注重批量销售，从业者更关注的是20台的价格策略、50台的返点额度。相比之下，零售业务则是一项细致而辛苦的工作，需要逐台销售，着重考虑如何吸引每位顾客前来购物，以及如何提升专业水平和服务附加值。两种商业模式差异显著，刘强东用了五个月的时间，才成功让自己的团队从代理思维转变到零售思维。

一开始开店很艰难，到开设第六家店之后速度加快，最快时一个月开了3家店。后来甚至把店开到了沈阳。随着门店增长，京东在低价消化大宗商品上保持了稳定的盈利能力。即便面临供应商的封杀和打压，刘强东总能巧妙应对，通过分销商获取货源。久而久之，供应商被迫妥协，而分销商则逐渐淡出，京东却日益壮大。

自第一家门店开业以来，刘强东就格外重视细节管理：规定店面仅在特定时间和天气条件下才能开灯；纸箱回收由专人负责，并定期出售转化为收入。每天早晨，店员参加半小时的早会，讨论各种琐碎事项，甚至包括顾客带来的狗在哪里排泄等问题，以便未来采取相应防范措施。这种精细化管理模式为京东的持续发展奠定了坚实的基础。

2003年2月底,"京东多媒体"店开到了12家,刘强东在和员工头脑风暴的时候,兴奋地表示年底要开到18家。然而,刘强东这话刚说完没多久,一件无人预料的大事发生了。他的零售连锁之梦就这样被迫中断。

值得一提的是,京东多媒体虽然没有如刘强东期望的那样成为全国性连锁企业,但是,中关村电脑城却如他所预言的那样,真的开始消失了。2011年6月,太平洋电脑城宣告关闭。

第三章

店商"逆袭"电商

"危机变转机,行动为契机",京东从线下店铺转型线上电商,生动诠释了这句话。2003年"非典"疫情暴发,线下零售遭遇寒冬,刘强东果断决定将业务转向线上,这一决定成为京东崛起的关键转折点。

"非典"嗅到电商未来

2003年3月6日,"非典"疫情突如其来,对整个社会造成了巨大的影响。北京通报了首例非典型性肺炎病例后,死亡的恐慌迅速蔓延至全国。从北京至广州,街头巷尾人流骤减,全然依赖客流量生存的零售行业损失惨重。当时,中关村电脑市场同样未能幸免,几乎所有电脑都在降价甩卖,平均降价幅度高达30%~40%,却依然无人问津。

刘强东的京东多媒体也未能幸免。当时,他们刚采购了一批雅马哈刻录机,每台成本超过千元,而市场上主流刻录机的售价大多在400元左右。这么高的定价,即使没有"非典",销售都极其困难,更何况遭此骤变。疫情初期,社会上都在传言,这种足不出户的局面可能得延续一年,这对刘强东可以说是灭顶之灾。要知道,IT产品,滞留越久,贬值越狠,一年之后,办公室里堆积的刻录机,只能当废品卖了。刘强东愁容满面,忧心忡忡。

更棘手的是员工人身安全问题。面对危机,中关村不少老板坚持要求员工到岗工作,否则解雇。员工们陷入两难境地,要么因担忧感染而选择离职,要么只能硬着头皮坚守岗位。刘强东深知员工安全的重要性,他坚定地表示,如果任何员工因为上班感染非典,他将永远无法原谅自己,于是当机立断,第一时间关闭了所有店铺,要求所有员工立即回家避疫,确保安全。他一直强调,任何事情都不能以牺牲员工的健康为代价。

值得一提的是，2003年4月17日，刘强东安排司机开着公司仅有的金杯车，到人民大学西门的城乡仓储大超市采购了三车生活物资——火腿肠、方便面和矿泉水等。他的远见为员工省了一大笔开支。从4月21日开始，北京各大超市出现抢购潮，生活必需品瞬间被抢购一空。得益于刘强东的提前准备，员工居家一个月的物资有了保障。

解决了后顾之忧，刘强东才开始考虑如何化解销售危机。当时，他在银丰大厦置办了一间办公室，面积仅14平方米，其中还包括一个卫生间，面积很狭小。他硬是在办公桌后三四平方米的小空间里铺上床铺，住了下来，并且这一住就是三年。

非典期间，他和几个部门经理坚守办公室，靠电话维持批发生意，但销售业绩一直很惨淡。每个月的门店租金和员工工资要照付，库存商品价格却每天都在下跌。市场持续低迷，价格战愈演愈烈，电子产品价格暴跌30%，刘强东私下估算，若半年无法开业，公司就得倒闭。

一天，一位部门经理向刘强东提议：既然不敢开门营业，为什么不试试在网上销售商品？这样能避免与客户直接接触，降低疾病传播风险，说不定还能维持业务。这一建议为京东开辟了全新的道路。

所谓病急乱投医，刘强东决定一试。那时的他并未意识到网络的巨大潜力，更没预料到互联网会孕育出电子商务这一全新的商业模式。他的初衷很简单：尽快清掉积压的库存。正是这个偶然的决策，让身处困境的京东多媒体找到了摆脱困境的突破口，也为京东的诞生埋下了伏笔。

线下销售转到线上销售，说起来很简单，执行起来却困难重重。因为一直忙着创业，高管们都是网络门外汉，顶多会用QQ聊天。刘强东更是"网盲"一个，在2003年之前，刘强东甚至从未接触过QQ。那时智能手机尚未普及，他没有电子邮箱，对BBS一无所知，更不清楚BBS的用途。当时传真机是主要通信工具，他在外企工作时，与日本人的交流都是通过传真进行的，无论是订货还是其他事务，一纸传真发往日本即可。为了在网上卖货，刘强东不得不申请了QQ和电子邮箱，逼着自己天天逛BBS。

为方便在办公室上网，刘强东紧急申请了ADSL宽带。当时正值modem向ADSL过渡，新技术刚开始普及。特殊时期，电信工作效率很高，申请后第四天，一切安装完毕。

公司接入了高速网络，该怎么用呢？刘强东指派前台员工负责，因为前台拥有公司性能最好的电脑，平时主要用于处理传真和文件打印。前台将这台电脑改造成了临时服务器，并搬运到了网宿科技[1]。但网宿科技的工作人员惊讶地表示无法处理如此"庞大"的服务器，并展示了自己的小型服务器作为对比。

刘强东原本以为服务器应该是体积庞大的设备，公司前台的电脑机箱最大，最适合当服务器，此时才知道真正的服务器机箱其实是轻薄型的。他们又赶到中关村采购了合适的机箱，连夜组装好。第二天，他们再次来到网宿科技，租用带宽，并成功搭建了一个名为Discuz的BBS。这个BBS后来影响很大。此为后话。

扫清上网障碍后，刘强东信心满满地宣布了新战略：疫情不知道什么时候结束，京东多媒体必须通过网络销售来清空库存，这是公司脱困的关键。他的提议得到了团队的热烈响应和支持。这一决策，让京东多媒体正式踏入电子商务这个未知领域，并开始了解"B2C"这一新兴概念。

此时的刘强东对当当、卓越等知名电商品牌所知甚少，甚至对电商领域的先驱8848也一无所知。就是在这样的"无知"状态下，他毅然闯入了电子商务领域。事实上，刘强东对所谓的竞争对手一向抱持

---

[1] 网宿科技是福建集美大学水产学院电子仪器厂退休职工陈宝珍和海归人士周艾钧在2000年联合创办的第三方CDN服务商，2009年10月成为在A股上市的"互联网加速服务第一股"。

无所畏惧的态度:

"我可以肯定的是,1998年进入中关村的时候我没有畏惧过对手,2004年京东进入电商的时候我没有畏惧对手,后来每一年面对竞争对手的时候我都没有畏惧过。"[1]

---

[1] 刘强东自述:我的经营模式.中信出版集团.2016年6月.

论坛试水电商

刘强东素来以决断迅速、行动力强著称。团队达成共识后，他亲自带队，日夜奋战，在搜狐、网易等知名网站发布信息。他们在搜狐新闻评论区自称为京东多媒体，专注于中关村的光磁产品销售，并详细列出了刻录机、碟片等产品的价格和种类，提供了邮局汇款账号以便顾客下单。他们还在网易的 BBS 上投放了广告，甚至在搜狐的女人频道也积极发帖。不幸的是，这些帖子被迅速删除，账号也被封禁，他们的努力白费了。

接连受挫，刘强东和团队没有放弃，而是不断注册新账号，持续发帖。帖子虽然保住了，可仍旧是零生意、零电话。如今回顾那段经历，刘强东也自嘲当时的自己太过天真，仅凭一个邮局汇款账号就想让人汇款购物，实在难以取信于人。尽管他们的发帖态度诚恳，可还不足以取信网络另一端的陌生人。

就在几乎要丧失信心时，刘强东意外发现了 CDbest 中华光驱网[1]——国内首屈一指的专业网站。起初，他们的帖子同样被屡屡删

---

[1] CDbest 中华光驱网的前身为"非常光驱 coolcdrom"，于 1998 年 4 月开通。2000 年 5 月，"中国光驱网"更名为"中华光驱网"，并由北京天宇康宏公司负责运营。中华光驱网的域名在 2016 年 12 月 11 日被重新注册，原网站最终关闭。

除,副版主更是明确警告:论坛严禁广告,只接受知识性帖子。但这并未阻止刘强东的脚步。

后来,版主"任我行"注意到了京东多媒体的帖子。他打电话给京东多媒体302门店的店主李梅确认:"帖子真是你们发的吗?"李梅回答:"真的是。"确认信息是京东多媒体发的帖子后,"任我行"做了一件事——把帖子置顶,还跟帖解释:"京东多媒体我知道,挺好的,302是五年来从不卖假光盘的店。"版主"任我行"的这一举动,无形中改变了京东多媒体的命运。刘强东五年的正品坚持,五年的口碑积累,换来了版主的一句话。京东借此迈出了线上零售的第一步。

帖子置顶一周,为京东带来21个客户,其中一半至今仍是刘强东的朋友。第一个买京东碟片的客户,后来成了京东上海公司的总负责人。其他人也被京东奉为"上帝中的上帝"。2004年,刘强东还举办了第一届网友见面会,邀请这些客户到北京,在十三陵水库附近办了一次论坛,大家都成了朋友。此为后话。

第一批客户收货后,反馈对产品质量非常满意,尤其是对刻CD盘碟片音质要求高的客户。刘强东立即向日本方面订货,尽管当时这些碟片已停产,但凭借多年的合作关系,他还是拿到了一两万张碟片,并在CDbest论坛上拍卖。拍卖其实赚不了多少钱,但是这一形式吸引了很多人线上围观。每次拍卖结束,发帖小队紧跟着把"我有什么东西、多少钱,邮局汇款账号……"这些常发的信息再发一遍,一是方便客户给他们汇钱,二是让更多人了解京东多媒体。

后来有客户反馈,邮局汇款至少需要3天时间才能到账,希望京东多媒体开通银行卡,这样一天就能到账了。刘强东立刻去工行和交行开卡,全国各地的客户往这些银行卡里打钱,真的当天就到账了。这让刘强东欣喜无比。

"非典"结束复工后,线下生意又火起来了。刘强东将李梅从柜台调来专门负责线上销售,李梅因此被称为"京东电商第一人"。其他人忙线下销售的时候，刘强东和李梅专职负责线上。他们的做法很简单，在论坛发起团购活动，公布该期团购的产品参数、价格以及截止日期，留下QQ号作为联系方式。

具体分工上，李梅负责接单、确认汇款、发货。她用纸笔记录下客户名单，收到客户汇款之后，按照客户要求挨个到库房找货、打包，再走邮政渠道发货给客户，发短信告知客户快递单号。如果是中关村附近的客户，就由司机开着金杯小货车或者刘强东自己的红旗轿车送货上门。

刘强东主要负责客户维护和售后服务，回答问题、发帖子。刘强东那时住在办公室，地板是木质的，为能及时回帖，他买了一个超级大的老式闹铃（手拧上发条的那种），放在地板上。闹铃一响，整个地板就跟着动，声音巨大如雷，能把沉睡的刘强东震醒。

从2003年开始在网上做生意，一直到2007年底，四年的时间，刘强东夜里永远是睡两小时醒一次，醒来立刻回帖，回完再睡，闹铃响了再起再回。后来，他回忆道：

> "作为创业者，你能在黑暗时光里坚信你的方向是正确的，坚信你做的事情是有价值的，坚信你的公司是社会需要的，只要你能够坚持得越久，我相信你就能取得更大的成功。"[1]

"这个店24小时全天候回帖，服务绝对好。就算你是凌晨三点钟的帖子，几十分钟后也会收到回复。而且，他们卖的光盘没有一个假的，全部带发票。"这是网友对京东多媒体的普遍印象。京东多媒体

---

[1] 2018年3月10日在全国政协十三届一次会议第三场记者会上谈及创业经历时语。

在 CDbest 论坛卖了半年，积累了极好的口碑，刘强东尝到了做电商的甜头。

除了卖货，刘强东还在这个阶段收获了不少人才。中华光驱网是一家专业性很强的网站，聚集了不少技术人才。最初的这批客户中，有人后来加入了京东，曹鹏就是其中一位。

曹鹏历任京东商城研发总监、产品总监、职能研发副总裁等职务，是京东集团早期技术框架的搭建者之一，他参与了网站、交易、供应链、仓储物流和财务等核心系统的开发工作，并主导了京东商城、京东金融多项重要技术革新。他带领团队推出了大数据风控平台、智能巡检机器人产品、智能安防解决方案、混合云操作系统京东云云舰等重磅产品。他后来回忆，当时在中关村买东西，若以正常价格购买，将会买到水货或假货；要真货或带票行货，得额外加钱。然而，在京东，顾客却能以普通价格买到正品行货，因为京东自创立之初便以"保真、靠谱"作为卖点。曹鹏因为非常看好京东多媒体，2007 年以前一直是以顾客的身份购买京东产品，2007 年他干脆加入了京东，从京东的忠实顾客，摇身一变成为京东的忠实员工。

京东开启电商之路，看似幸运，好像得益于版主"任我行"的一个置顶，实则是长期坚持诚信的结果。没有诚信，就无法获得早期客户的信任，也就没有今天的京东。当时很多电商不主动开具发票，多数消费者也不在意。京东自创立之初就坚持为每一件售出的商品主动提供正规发票，确保消费者购物时感到安心、放心，这体现了京东对消费者权益的高度重视和诚信经营的原则，它是京东多媒体迈出线上零售第一步的成功密码。

做独立网站卖产品

有了半年的第三方网站团购经验,刘强东决心自建独立网站销售产品,以掌控客户资源并应对 CDbest 论坛日益上涨的提成要求。到 2003 年底,他深刻认识到电商模式相较于传统连锁店的优势:尽管当时实体店贡献了 95% 以上的利润,但电商销售模式显著降低了成本。

最让刘强东在意的是,在实体店,顾客的购买行为难以追踪,而电商则能详细记录每位网友的 ID、浏览痕迹和时间,精准分析顾客决策周期,优化库存控制——这是他零售事业的核心。他清楚地看到,未来电商不仅在成本上优于连锁店,而且在库存管理和运营效率上也将远超后者。例如,展示产品只需几张照片,无须像实体店那样准备多个样品。鉴于此,2003 年底,刘强东开始策划第二次转型,并与孙加明及团队成员进行深入沟通,说服了他们放弃连锁店业务,共同投身电子商务的新征程。

此时,公司员工人数已达到 36 人,还不包括后勤、行政和前台人员。关于转型做电商的必要性,刘强东讲了很多,大家还是疑虑重重。有人问:"做电商的话,你和李梅两人就干过来了,其他人干什么?"

刘强东解释,连锁店不是一天之内就全关掉,而是柜台到期不续租,挨个关闭。在 2004 年 6 月底全部到期之前,大家照常工作。之后,京东多媒体先去上海开分公司,设物流中心做本地化服务,再去广州开分公司。这些都需要大量人力,不用担心没工作。刘强东反复强调,自己不会辞退任何人，即使什么都不干，账上的钱也能养大家半年，大家只要放心跟着干就行了。刘强东态度诚恳，并且摆出了数据：去上海和广州设分公司，是因为大部分网购客户来自这两个地方。

但是，面对如此大的变动，一些员工还是有顾虑。不少老员工提出了辞职，他们不愿意把青春赌在一个不确定的未来上。刘强东很念旧情，即使在最关键时刻，那么多人离开了，他也没有怨念，而是许诺，京东的怀抱永远向他们敞开，如果他们日后想要归队，他依然接纳。不少老员工，后来又回到了京东。

当时辞职的老员工跟刘强东有一个矛盾点，老员工不理解："连锁店多赚钱啊，有钱干吗不挣？你做你的线上，我们做我们的线下不就完了吗？我们也不给你亏钱，为什么一定要关掉线下？"

刘强东则认为：

"小公司资源有限，只能做一件事情，我们只能把一件事情做好，不可能同时做好两件事情。"[1]

面对团队的犹豫不决，刘强东经过多次深入沟通后，决定先与李梅一同前往上海开设分公司，等做出成绩后再说服大家。两人暂住在上海闸北区一间简陋的小旅馆内，李梅的住宿费为每天10元，刘强东则为15元，这或许是上海当时最经济实惠的地下室了。

2004年1月1日，京东多媒体网站（www.jdlaser.com）正式上线，初期上线了100多个单品。网站设计颇为简朴，每款产品的页面仅展示了纯文字的参数介绍和两三张产品图片，缺乏吸引人的描述和品牌介绍。

---

[1] 2003年内部酒会时语。

京东多媒体的技术起点确实很低，刘强东甚至将其列为技术基础最薄弱的互联网公司之一。尽管刘强东本人懂一些编程，但对互联网的了解有限，并不擅长做网站。公司的技术员辛波，此前主要从事视频剪辑和字幕编辑工作，同样并非专业出身。网站上线之初，甚至连最基本的系统补丁和防火墙都没有。

就是这样一家简单网店，开业后生意却异常火爆，每周都能接到100多个订单。然而，不到一个月的时间，一天早上上班时，大家惊讶地发现网店首页被黑客篡改，变成了黑底白字："京东网管是个大白痴"。这一幕让所有人都惊慌失措。当时担任网管的辛波，所有相关经验都来自一本新买的名为操作系统（Windows Server）的书籍。大家经过一番讨论，这才得出了结论：这是黑客所为。

刘强东询问应对之策，有员工建议格式化硬盘，因为黑客很可能已经入侵后台。那是刘强东第一次听说"后台"这个词。他立即和辛波赶往网宿科技，着手格式化硬盘并重装系统。由于使用的是盗版Windows Server光盘，安装过程异常缓慢，还需额外设置解释系统以解决乱码问题。折腾了三四个小时，网页终于恢复，众人欣喜地打车返回公司。

半路上，一位员工来电话说网站又被黑客篡改，这次显示的是："京东还是个大白痴"。这时，有人给刘强东介绍了一位名叫小马哥的电脑专家，他是上海某红客组织的成员。刘强东花费重金邀请小马哥从上海飞往北京帮忙。小马哥第一天未能成行，第二天才抵达，可在当时没有微信、QQ等即时通信工具的情况下，小马哥仅通过短信与刘强东沟通，并在没有使用登录密码的情况下迅速入侵了服务器，指出了里面存在的142个漏洞，前所未见。

小马哥称京东的服务器为"全世界最'牛'的服务器"，里面竟然有1300多个病毒和100多个漏洞，任何一个具备基本黑客技能的人都能轻易攻破。当晚，小马哥着手修补漏洞。次日，他亲自教授大家如何打补丁，辛波认真记录并录音。实际上，那位黑客似乎并无恶意，只是想提醒他们注意安全。当时京东每周能接到一两百个订单，外界可能以为他们是一家颇具规模的电子商务公司，没想到他们连专业的网管都没有。

刘强东意识到，是时候聘请专业人才管理互联网业务了。于是，他招揽了计算机专业毕业的应届生吕科加入公司，他成了京东首位互联网程序员。刘强东清晰地记得，吕科加入时还用.NET（编程语言）语言进行编程。刘强东在向吕科详细介绍了自己过去编写的所有后端系统逻辑后，委托他开发外部程序。吕科随后编写了京东的第一个电商程序，只是并非完全独立完成。

当时，ECShop 的商城程序是开源且免费的[1]，可以合法下载并修改界面和功能，与公司的 ERP 系统对接后即可投入使用。然而，将外部商城系统与内部传统 ERP 系统对接时问题频出，如库存实时性差，无法及时获取 ERP 中的库存数据，导致自动化程度不高。因此，2004年底，他们认识到不能简单照搬 IBM 或购买甲骨文的系统（当时 IBM 已经推出了电子商务解决方案），必须自主研发适合京东的系统。

他们认为电商是全新业态，经过考察金蝶、用友等公司的产品后，刘强东决定未来要依靠自己的力量重新构建系统。于是，他告诉吕科，除了已经成熟的财务系统外，其他系统需要推倒重来，打上京东烙印。从 2005 年初开始，京东大量招募研发人员，从最初的单一程序员发展到如今，有了超过 6000 人的研发团队。

---

[1] ECShop 是一款基于 PHP 语言和 MySQL 数据库架构开发的 B2C 独立网店系统。它由上海商派网络科技有限公司（ShopEx）推出，支持用户登录后对商品进行评价，也可以选择匿名评价。

在反对声中关闭实体店

2004年下半年，线下店合约全部到期，刘强东必须做出全面关店的最终抉择了。基于种种判断，他仍希望员工全部转到线上来。

在深入研究了商业发展史后，刘强东对供应链效率与成本控制有了深刻的启示。他认识到，过去百年间，全球商业的演进始终围绕着提高效率和降低成本这两大核心。新的商业模式，只要能在这两点取得突破，就必然会颠覆旧有模式。以百货商场和沃尔玛为例，尽管前者的毛利率高达50%，而后者仅为15%，但沃尔玛的市场价值却远超百货商场。原因就在于，沃尔玛通过更低的成本和更高的效率实现了盈利，无须依赖高毛利率。

刘强东因此坚信，在零售行业，毛利率并非衡量成功的有效指标，真正关键的是运营效率和成本控制。如果行业普遍追求高毛利率，商业模式将停滞，无法为消费者创造真正的价值。如果一个产品需要加价30%才能盈利，其中损耗将大大削弱其价值。基于此，刘强东下定决心放弃线下连锁经营模式，转而投身于成本更低、效率更高的网上零售业务。

中国电商那两年发展得如火如荼，也是刘强东战略转型的决定性参考因素。2003年，卓越被亚马逊以7500万美元的价格收购，随后亚马逊又注入了1亿美元的资金助力其发展；同年，当当成功完成了C轮融资，获得了2750万美元的投资；而早在2001年，阿里巴巴就已经从雅虎那里获得了10亿美元的资金支持。刘强东于2004年踏入电商领域，此时的京东与这些巨头相比，显得微不足道。

然而，当时京东面临的最大竞争对手也并非阿里巴巴、当当或卓越，而是新蛋（Newegg）。新蛋同样专注于IT产品线上销售，与京东的商业模式如出一辙，但它比京东早起步了整整10年。1994年，新蛋在美国成立。到2004年，已经做到了全球年销售额20亿美元的惊人业绩。在那个时代，20亿美元的销售额足以把它捧上行业巨擘的位置。

对于新蛋的赫赫战绩，刘强东不可能不眼红。但是，如何和背景深厚的新蛋竞争，团队没有底气。对此，刘强东有自己的独到看法：

> "竞争力并不只是来自资金、技术，而是前端谁的客户体验更好，后端谁的成本更低，谁的效率更高，谁就有持续的竞争力。因为消费市场是永恒存在的，所以只要你有竞争力，假以时日，你终究能在这个市场上跑赢他人。"[1]

这就是深刻影响整个京东的"倒三角形"战略管理体系：前端用户体验，后端成本、效率。

对于刘强东的远见，那时的员工很难理解；对于转型的动荡，很多人难以接受。在30多人的团队中，离职率达到了20%，相当于每五个人中就有一人选择离开。每失去一位同事，刘强东的心中都倍感郁闷，他常常与离职的员工喝着大酒，抱头痛哭，但第二天他们依然要继续各自前行。就连一直做电商的孙加明和李梅也差点离开，孙加明甚至已经与刘强东进行了离职谈话。

员工的离职让刘强东很烦心，每个老员工离开，他都得难受好几天，情绪很低落。他也理解，这些老员工在线下开店方面经验丰富，但面对线上业务却缺乏信心，容易感到迷茫。因此，他必须努力给他们信心。为了让员工能看到电商的未来，刘强东加快了推进步伐。他意识到仅

---

[1] 2015年刘强东作为"潘谈会"收官嘉宾，与潘石屹共同对话创业者时语。

依靠多媒体产品难以维持客户黏性，于是开始扩展产品线。2005年，京东首次上线销售笔记本电脑。

当时，网上销售笔记本电脑被视为疯狂之举。大家都认为不会有消费者愿意购买，主要顾虑在于对物流的不信任，电脑在运输过程中会不会受损？受损的责任谁来承担？

在中国，消费者对商家普遍缺乏信任，不愿在未见货物的情况下付款，因为这会导致时间成本和不必要的纠纷。同时，商家对消费者也并非完全信任，网上购物中不乏欺诈行为。由于中国信用体系的不完善，消费者在购买新产品时往往要求先验货后付款，而商家在提供售后服务时也需谨慎核实，以防消费者将其他渠道购买的问题产品拿来维修。这种情况在京东几乎每天都会发生，双方都需小心翼翼，人力沟通成本和邮购成本都陡增。通过邮局进行双方的货物寄送，还需额外支付2%的费用给邮局，这对商家和消费者都是无谓的损失。

刘强东偏不信邪，一开始，他的策略是"利诱"，京东不惜以每台亏损500元的价格出售，即以7500元的价格销售原价8000元的笔记本电脑。即便如此，京东的线上笔记本仍无人问津，直到价格降至6999元，亏损扩大至1001元，才终于有人下单。

为了消除客户对配送过程中货品安全性的顾虑，刘强东创意性地制作了一则名为"京东小胖虐待笔记本电脑"的视频。他挑选了公司体重最重的员工（超过180斤）作为视频主角，将打包好的笔记本电脑从三米高抛下，重复三次，随后又坐在包裹上，同样重复三次。最终打开包裹时，电脑屏幕完好无损，且能正常启动。这个视频旨在向公众证明，网上购买笔记本电脑是安全的，快递过程中不会造成任何损害。当时，许多顾客担心屏幕易碎，责任归属不明确，这个视频有效地缓解了这类担忧。尽管当时的刘强东和京东名气并不大，但这种抓人眼球的视频还是在行业内广泛传播开来，京东的笔记本电脑销售逐渐有了起色。尽管初期仍是亏损销售，但随着时间的推移，销售渠道逐渐打通，京东逐步登上了全国销量最高的笔记本电脑零售商的宝座。

1800 万元差点卖掉京东

当销售额达到 1000 万元时,京东多媒体引起了小熊在线的注意。小熊在线成立于 1997 年,是一家专注于 IT 领域的垂直门户网站。原本只提供 IT 资讯内容,后来发现主要读者群体是具备消费能力和引导消费能力的超级"发烧友",便将触角伸向了电子商城领域。

2005 年初,小熊在线的老板张睿找到刘强东,问他能否把网站卖给自己,并开价 1800 万元。当时,刘强东压力很大,面对这个报价,有些动心。

刘强东叫来得力干将孙加明和张奇,商量要不要卖。刘强东一向杀伐决断,他这么正经八百地找大家商量,还是第一次,也说明他很纠结。正如孙加明所言:"他肯定犹豫过,不犹豫,就不跟我们商量了。"

孙加明和张奇本能地抵触,京东多媒体是大家一起好不容易做起来的,卖了之后,这一帮兄弟去做什么?

刘强东觉得他们说得有道理,卖掉后重新再做一个京东,还得从头再来,未必就有现在好。很快,刘强东下定决心,不卖了,继续向前冲。当然,这只是刘强东放在台面上的说法。

刘强东不卖京东多媒体,恐还有一个不愿意提及的原因。很多人都知道,"京东"两字来自女友龚晓京和刘强东的名字[1]。龚晓京出身家庭较好,又是名副其实的学霸,在中国人民大学担任过学生会主席,是校园风云人物。为了爱情,龚晓京不顾家里反对,义无反顾地陪着穷小子刘强东一起创业。她带着启动资金和刘强东创办了京东多媒体。龚晓京的父母知道后,觉得刘强东摆摊太丢脸,就要拆散他们,而龚晓京却不惜与父母对抗,选择站在刘强东这边。平时娇生惯养的龚晓京放下身段,陪刘强东一起扫街发传单,还利用自家的人脉资源为他的生意牵线搭桥,更在创业初期助力他渡过重重难关。刘强东线下创业的那段时间,龚晓京功不可没。两人的重大分歧出现在转型做电商时。"非典"时期,线下实体店大受影响,仅21天京东多媒体就赔了800多万,龚晓京的父母再次出面,要求两人分手。此时,刘强东提出要转战电商,一向支持他的龚晓京也动摇了,她觉得线上卖货实在不靠谱,又说服不了刘强东,无奈答应了父母,选择了离开。分手之后,龚晓京按父母的规划走上了仕途;而刘强东带着受伤的心,赌上了全部家当,一心扑在了京东多媒体网站上。他内心深处,一直有一个声音逼着他前进——"一定要做成功给她看!"

还有一个因素对刘强东的决策产生了影响:易趣网被收购后发展并不理想。易趣网和京东几乎同时创业,是中国最早的在线交易平台之一。2003年6月,易趣网被全球电子商务巨头美国eBay以1.5亿美元的价格收购。eBay原本希望通过此次收购拓展中国市场,易趣也希望借助eBay的强大资本提升竞争力,结果原本在中国市场占尽优势的易趣,在收购后,反被淘宝网超越,eBay最终退出中国市场。易趣网

---

[1] 这一说法并非传闻,而是出自刘强东之口。2010年底,当当网赴美上市,刘强东在微博主动曝光:"如果有一天京东上市了,我更应该邀请初恋女友来庆功。因为京东的'京'就是来自初恋女友名字的最后一个字。创业的时候还在一起,就以两个人名字的后一个字命名了。"

虽然卖了个高价钱，但落得失去了自主权和市场地位，这是任何创业者都不愿意看到的结果。

以上种种，让刘强东不愿卖掉京东多媒体网站。下定决心后，刘强东正式成立线上采购部门，由孙加明负责。他希望，京东多媒体能够快步慢跑，争取成为3C电商中的佼佼者。当时，淘宝已经超越易趣网，成为综合电商标杆。但是，刘强东并没有把淘宝当作直接竞争对手。和京东多媒体业务高度重叠的新蛋网，才是他要角逐的头号对手。

京东人埋头苦干的时候，新蛋网已稳稳占据了大半市场。新蛋网由著名华人企业家张法俊于2001年在美国洛杉矶创立，主要销售电脑配件和数码产品。新蛋网在成立初期主要面向北美市场，2004年在中国员工卜广齐[1]的建议下，进入中国，时间比亚马逊更早。经过一年的拓展，它的年销售额达到了6000万元。

新蛋网带着美国血统而来，页面设计得相当漂亮，登陆中国市场后，势如破竹，也赢得了一批忠实粉丝。相当长时间内，它都是中国用户购买3C产品的首选平台。网易创始人丁磊曾向投资人徐新推荐新蛋网，声称网易的采购活动都通过该平台以防腐败。颇具戏剧性的是，徐新后来又转而向丁磊推荐了自己新投资的京东商城，但这是后话了。

与光鲜亮丽的新蛋网相比，京东初期可谓"土味"十足。页面设计朴实无华，供应链管理混乱不堪，配送环节也效率低下，发货周期长至十天半个月，客户等得心焦，货物丢失更是时有发生。但这并非京东一家之过，当时中国"最后一公里"的配送服务体系尚不完善，加盟店模式导致服务质量参差不齐。

京东多媒体的仓库管理同样原始，没有电子系统支持，没有货架

---

[1] 新蛋网舍弃中国市场后，卜广齐辞去新蛋中国总经理的职位，并在离开之后创办了易迅网。

号和扫描码，员工靠记忆找货。新入职的仓管需要花费近一周时间，熟记300多种产品的存放位置。仓库缺乏监控，货物数量难以准确核实，有时客户声称收到的光盘数量不符，要求重新发货。刘强东秉持客户体验至上，不得不重新发货。可这让负责仓库打包的王爱民（后来担任京东产品管理部3C组高级经理）非常不满，他甚至提出愿意接受10倍罚款以证明自己的清白。最终，京东通过发货前称重解决了这一问题。

为节约成本，刘强东倡导员工回收利用废弃纸箱。每天下班后，员工们便动手拆解、改造纸箱，使其适合包装光盘。刘强东本人也身体力行，一次在驾车途中，他见一对夫妇将家电包装纸箱丢弃在路边，随即停车捡起并塞满后备厢。目睹这一幕的妻子对丈夫感慨："看看你，连捡破烂的都不如，人家都开上红旗车了。"

让新蛋网万万没有想到的是，就是这个土得掉渣、穷得寒酸的京东多媒体网，在悄无声息中抢了它的市场。2005年11月，京东多媒体网的日订单处理量稳步突破500个。年底，统计数据出炉：京东多媒体网全年销售额达到3000万元。这一成绩在当时的电商行业已相当亮眼了，新蛋网感到了危机。因为新蛋网的6000万销售业绩是烧钱换来的，而京东多媒体网的3000万元，却是实实在在的盈利。

此时，张法俊做出了舍"中"取"美"的选择：全力打美国市场，三年IPO成功后，待中国电商市场成熟再考虑是否回归中国市场。随着新蛋网的重心转移，京东多媒体网趁机崛起，一举成为3C电商的后起之秀。

对于战胜强敌的"秘诀"，刘强东的回答朴实无华：

"世界上没有你能做而别人做不到的事，唯有比谁更有毅力、信心、能力把它做到。"[1]

在诱惑面前,刘强东守住了创业初心。如果他以1800万元"贱卖"了京东,后面不知道要多么懊悔。而他用一年的时间,创出了远高于1800万元的业绩,更加坚定了他做一番大事业的决心。

---

[1] 2018年6月12日于牛津大学赛德商学院发表演讲时语。

第四章

和资本打交道,要坚守"本心"

一家企业,发展到一定规模,就会面临投融资问题,刘强东也不例外。一开始,他尝试过向银行贷款,但由于京东属于电商行业,属于轻资产运营,缺乏抵押物,银行认为风险太高而拒绝放贷。在一次偶然的机会中,京东商城的用户提醒他可以考虑风险投资(VC)。因为缺乏融资知识,刘强东一开始四处碰壁,其间为了解决燃眉之急,还曾被迫签下"卖身契"。后来,他遇到了慧眼独具的徐新,京东的命运得以扭转。

被迫签下"卖身契"

2005年,中国网络购物的用户数达1855万[1],占网民比例约17%,市场交易额193.1亿元,人均网购消费金额为1041元。2001~2005年间,网上购物用户数的复合增长率(CAGR)高达72.8%,电脑配件、家电、办公、数码、通信类产品占据网购市场34%的份额。

电子商务发展势头强劲,但当时的京东商城在市场中只是小角色,没多少人留意它。整个电子商务市场,淘宝网占据41.6%的份额,eBay易趣占25.8%,当当网和卓越网各占2.3%。C2C市场迅速发展,吸引财力雄厚的互联网巨头涌入,与淘宝和eBay易趣抢夺市场份额,这却为专注于B2C市场的刘强东创造了宽松的发展环境。

当时,京东的困扰并非源自同行,而是品牌商与经销商。京东多次遭遇品牌厂商或者代理商的抗议、打压和封杀。品牌厂商视京东为搅局者,害怕京东的低价冲击现有渠道价格体系。对传统渠道商来说,京东已威胁其生存。

2005年7月,仅一个月,就有十几个品牌商向全国代理商发函,明确规定不得给京东供货,违者首次扣返点,二次警告,三次取消代

---

[1] 数据来源是艾瑞网的调查报告,该报告通过对71396份样本的调查,发现到2005年第四季度,中国网上购物用户数已达1855万。

理权。

无奈，刘强东和团队耗时半年逐一与品牌商沟通，带他们参观京东数据中心和物流中心。刘强东表明，京东坚持与厂商和谐发展，既保障厂家利润，又缩短结款周期；家电厂商净利低，京东没资格也不会压榨厂商，不会靠销售额剥夺厂商话语权，不强制降价，零售商价值在于为厂商体现价值，厂商与京东合作可比和国美、苏宁合作多赚3%。在品牌商眼中，那时的京东微不足道，刘强东的话没多少人听，但他有办法引起重视。

京东在初期并未直接与家电品牌商合作，而是机智地抓住了品牌商和代理商的漏洞获取货源。在IT卖场运营时，京东积攒了各个品牌不同层级的家电代理商资源。代理商为追求出货量，乐意与京东合作。换而言之，代理商并非铁板一块，在品牌商返点政策的驱使下，他们常常不顾反对私下给京东供货，毕竟通过京东卖得越多，从品牌商那里得到的返点就越多。这样，京东不愁货源，仍能在网站上低价销售品牌商的商品。

市场中的利益关系复杂，品牌商无法彻底切断京东的货源。刘强东为了迫使品牌商低头，采用低价倾销的方式，将品牌商的价格体系搅乱。起初品牌商不屑一顾，感觉被要挟，但半年后发现既堵不住货源，价格又被拉得更低，只能选择合作。惠普官方认可京东为"网络办公耗材合作经销商"，英特尔也宣布京东成为酷睿i7处理器的互联网销售渠道。

通过低价"烧钱"，京东与品牌商建立了关系，但代价却为沉重。

有一天，京东的财务总监敲响了刘强东办公室的门，汇报了公司近期的财务情况，说公司没钱了。此时到处是资金告急的报告。京东销售额虽有6000万元，但毛利率极低，虽占市场份额却未盈利，公司仍处于亏损。发展资金从何而来呢？

刘强东只能四处找钱。如同许多创业者初期找投资，刘强东见了不少投资人，遭受诸多白眼与冷遇，最终都没能融到资。后来，他找到了当时中国最大的彩色玻璃壳生产企业——河南安彩集团，这个集团愿意向京东投资500万元，其中150万元很快到账。

但是，安彩集团在同意投资的同时，在合同中约定京东不能再向其他公司融资。安彩集团这一做法就像是用500万元把京东商城的未来限制住了。

安彩集团为何愿意借钱？这里就不得不介绍一下安彩集团了。20世纪80年代，电视机作为结婚"三大件"，核心部件严重依赖进口。为改变局面，我国1984年启动彩电工业国产化战略，开始建设玻壳厂，其中一条引进的生产线落户河南安阳，安彩集团由此诞生并一度辉煌。2003年，安彩创下佳绩，收购了玻壳鼻祖——美国康宁，成为全球行业中的领袖。

然而，好景不长，由于未能及时应对市场变化，安彩陷入困境。当时液晶平板电视正迅速取代传统CRT电视，而安彩的核心业务正是CRT玻壳。2005年，液晶电视全面普及，玻壳市场急剧萎缩，价格暴跌，最高降幅达35%，导致安彩当年亏损1.8亿元。盲目多元化、核心业务亏损以及收购康宁的落后生产线，迅速耗尽安彩多年的积累。

屋漏偏逢连夜雨。2006年3月25日，一位曾誓言为安彩集团献身的大学生，因追讨先前缴纳的集资款而采取极端跳楼行为，此事将安彩推向风口浪尖。面对巨大压力，安彩急需新出路。正是在这样的背景下，安彩决定投资京东，寄希望其增长潜力和3C电商业务，期待此举带来转机和新动力。

尽管安彩条件苛刻，刘强东还是签了合同。因为当时京东的状况万分危急，如立悬崖边缘，若无资金注入，恐将倒闭。他不愿意自己辛苦创立的京东，在势头良好时因资金短缺而毁。

京东拿到注资后，好日子没过多久，积重难返的安彩就撑不住了。2005~2006年间，安彩总亏10亿元，原本应投的350万元不但没给，还把之前投入的 150 万元要了回去[1]。京东被盘活的资金链再次面临断裂风险。

彼时中国电商市场愈发火热。市场火热,公司却亏损,刘强东备受煎熬。那段时间他可谓是腹背受敌,在无数不眠之夜思索出路。尽管看不到希望,他始终坚信天无绝人之路,眼前的黑暗只是必经考验:

"任何一个人,任何一家公司,都会经历若干个顶峰和低谷,才能成就伟大。"[2]

就在刘强东焦头烂额的时候,贵人已经开始向他伸出援手了。

---

[1] 2007 年 12 月 29 日,安阳市人民法院正式受理安彩申请破产还款一案,安彩从此消失。

[2] 这句话刘强东多次提到,最近版本是 2023 年 12 月 9 日在内网回复一位员工问题时语。

估值很低，却没人愿投

为刘强东和安彩集团牵线的，其实是京东商城的一位客户。

2006年7月，网友岳勇频繁在京东线上购物，并在BBS上留言："老刘啊，我觉得你干得特别棒，特别喜欢你提供的服务。你在做生意这方面可太讲诚信了，不管是产品的价格、质量，还是售后服务，都特别让我满意。你有没有想过引入VC呀？"

岳勇曾在高盛任职，后来全家移民加拿大，习惯了说话夹杂英语。让他意外的是，刘强东身为老板却不了解VC的含义。高盛是全球顶尖的投资银行，在投行界声名显赫，而刘强东当时连高盛都没有听过。

刘强东在论坛中回复询问："什么叫VC？"

后来他公开坦言，当时只知维他命C，对风险投资一无所知。作为一个商界人士如此漠视VC，源于内心对VC有所抵触：

> "无论你拿到多少融资，这些都不是你的财富，甚至你拿到多少融资，你将来就要十倍百倍地还回去，风险投资的成本是全世界最高的。"[1]

---

[1] 刘强东自述：我的经营模式. 北京：中信出版集团，2016.6.

当时北京有一家上市公司的风险投资基金,岳勇与其负责人是大学同学,表示可帮刘强东引荐。正缺钱的刘强东二话不说答应了。岳勇便带刘强东见了同学。对方谈后认可京东业务,随后双方签约。刘强东这才得知基金背后的"金主"是河南安彩集团。

刘强东当时急需资金,不懂融资和估值,甚至询问是否需要抵押房子。对方表示不需要抵押,这让他困惑为何要股份。由于当时对股份概念模糊,也从未想过上市,刘强东就这样签协议,收到150万元。他用这笔钱将库房从市区搬到了凤凰岭,租了一个更大的场地。

2006年底,安彩股价暴跌,被迫撤回全部风险投资资金。安彩要求刘强东归还150万时,京东其实是拿不出来的。因为资金已经全部用于租赁库房和进货。刘强东还天真地问中间人岳勇,这笔钱能不能不还?

作为圈内人,岳勇自然是懂规矩的,对刘强东说:"不行,必须还。要不这样,我再介绍其他投资人?"

刘强东别无选择。于是,岳勇将汉能集团介绍给他。刘强东多次找汉能,请求投资100万美元助其渡过难关,可惜未果。

51用车创始人李华兵曾是投资人,亲眼见证刘强东碰壁。

"2006年初,我刚进汉能资本,刘强东就找过来,说能不能融100万元人民币,把哥儿几个工资给发了。又过了三个月,又来了,说能不能再融800万元人民币。我们都没工夫见他。"[1]

后来京东B轮融资时,刘强东找到李华兵在汉能资本的另一位同事负责。李华兵因此首次与刘强东见面,两人仅简单寒暄。京东B轮融资额2000万美元,其中梁伯韬个人投资了100万。刘强东很高兴,因为投前估值从3500万美元升至6500万美元。

---

[1] 口述:李华兵,作者:雷晓宇,来源:创业家(chuangyejia),2017年6月.

创业艰难可见一斑。当时京东的估值虽低，却无人敢投。著名投资人、经纬创投的创始管理合伙人张颖也曾到汉能资本的办公室表示对京东感兴趣，想投资。但在关键时刻大家都犹豫不决，最终没有出手。

之后李华兵参加 VC 酒会，提到他们刚刚否了京东融资案例，大家都感叹刘强东的不易。当时他建议老板投资 200 万美元，小赌一把。但见沈南鹏、张颖等大佬都不敢投，老板也放弃了。

后来刘强东以 10 亿美元的估值获 1.5 亿美元投资。再往后势头无人能挡，这些曾经看不上京东的 VC 机构，想投资也没机会了。这些都是后话了。

当时的刘强东真可谓是走投无路。虽遭受白眼冷遇，他仍未放弃，只能再三拜托岳勇。幸运的是，岳勇这次将徐新介绍给他。于是，刘强东创业路上真正的贵人终于出现了。

值得一提的是，刘强东并没有因为安彩紧急撤资而和他们闹僵。安彩人其实非常看好京东的。当刘强东归还他们 150 万时，有人提出愿意以个人名义再投 150 万，按原条件投资。

刘强东拒绝了，因为他已获得徐新投资。那位高管考虑到 1000 万美元的数额太大私人难以承担，便提议几人私下凑齐 200 万给刘强东，少占些股份。他们确实很想投，但在国企体制下老板的决策使其无法自主。其真挚态度，让刘强东很感动。这也是后来他对徐新"守口如瓶"的原因。刘强东懂感恩，别人对他的好他都会记在心中，并在合适的时候予以回报。

岳勇便是例证。作为刘强东当时的融资顾问，岳勇在融资过程中帮了他几次。成功后他要求京东支付融资佣金，基于之前的口头承诺，双方并未签订正式协议。金额较大，刘强东个人一时难以拿出现金。刘强东便找徐新垫付，徐新答应后，岳勇又拒收现金，要求分给他 600 万股股票。刘强东二话不说答应了。按照后来的股价计算，这些股票价值约一亿美元。岳勇因此获得了业界"史上最大一笔佣金"。

"风投女王"徐新：给你1000万美金

2006年11月，经过岳勇穿针引线，刘强东与今日资本的徐新见面了。

两人在北京香格里拉酒店套房内进行了一次畅快淋漓的长谈，这段经历广为人知。从晚上十点聊到次日凌晨两点，刘强东向徐新详细阐述了京东的战略规划以及实施路径，并分享了许多背后的故事。

徐新听后显得格外激动，当场决定投资。当刘强东提及之前欠下的200万元债务时，她毫不犹豫地表示愿意代为偿还。刘强东感慨万分，由衷感谢她的慷慨。

会谈结束，徐新提议刘强东次日随她飞往上海见其他合伙人，因投资需要经过三位合伙人的共同投票。刘强东答应后表示会订火车票前往。然而她坚持订机票，解释说飞机更快。刘强东坦诚地告知徐新从未乘坐过飞机，且不愿为此花费。徐新再次展现慷慨，表示机票费用由她承担。

最终在徐新的安排下，刘强东飞往上海，当时常斌也在场。看到京东模式的快速增长，徐新的合伙人一上来就问刘强东需要多少资金。他回答需要一两百万美元，对方觉得简直像在开玩笑。

其实刘强东当时真的没有想太远，心里很笃定，因为当时京东商城是盈利的，每年赚钱，只是需要更多品类，更快地增长，才需要现金流补充。他并没有想到要自建物流和信息系统。

到了晚上，今日资本提出给刘强东 500 万美元，先签合同，若不够一年内再给 500 万美元，估值相同。刘强东当时没有估值的概念，稀里糊涂签了协议，最终获得了 1000 万美元的投资，占京东 40% 的股份。刘强东对此感到非常满意，认为比之前的投资划算得多。

其实只要刘强东提价，今日资本也会立刻答应的。但他认为对方专业，既已决定给多少，就无须讨价还价。这也是他为自己定下的融资原则之一：

"很多人买东西都不喜欢讨价还价，我见投资人时也是如此。融资不是买白菜，我合理地报出我的估值，你能接受，那我们就接着谈，如果实在接受不了，那就不谈了。就是这么简单，完全没有必要没完没了地讨价还价。"[1]

很快，双方签订了投资条款清单（Term Sheet）。随后常斌到京东办公室做尽职调查。他习惯性认定京东这样的小公司财务不够正规，怀疑数据真实性，便亲自打电话给消费者和供货商查证。打了几百个电话完成尽调后，常斌通知刘强东签正式协议。徐新给了刘强东 200 万美元作为无息过桥贷款，直接转为投资资金。刘强东虽不清楚对债转股概念，但觉得徐新的条件厚道，便答应了。

徐新为人爽快，协议签订不到三天就把 200 万美元打给刘强东，其魄力令他佩服。当时京东仅 30 多人。拿到资金后，刘强东还清了安彩集团 150 万元借款和利息，余款用于发工资。

实际上，当徐新如此迅速地答应提供远超所求的 1000 万美元时，刘强东心生疑虑：为何如此慷慨？背后是否隐藏着什么"陷阱"？他

---

[1] 语出 2017 年 2 月 3 日央视播出的《遇见大咖》节目。

深入研究过日本八佰伴在1997年倒闭的案例,将其失败原因归结为"发展速度过快,控制力不足"。由此他为自己设定了吸引资本的底线——无论如何,绝不能放弃公司的控制权。徐新得知他的担忧后明确表示:绝对不会让投资的公司签"卖身契"。

徐新的大度让刘强东佩服不已。两人合作愉快,唯一的冲突点是:刘强东因与安彩签有保密条款,坚决不同意将协议内容展示给第三方。徐新认为投入1000万美元就有通晓之前协议内容的权利,也是出于好心,担心协议里有炸弹,想"扫一下雷"。

此时刘强东守信的一面就体现了出来,刘强东坚持保密协议的规定,双方僵持一周。这是她第一次见识刘强东的固执。她甚至猜测:刘强东担心她审查合同后发现与安彩协议价格低、条件苛刻,进而反悔或提类似严苛条件,让他失去京东。后来事实证明徐新多虑了。刘强东这么做,纯粹出于守信精神。

最终徐新妥协,提议不让团队看,仅让律师审查。刘强东考虑律师有权合法审查合同,便同意了,但强调律师只能告知徐新合同是否损害徐新股东利益的协议,不能透露具体内容。律师审查后确认无害,徐新才放心。此事被她多次提及。

通常像刘强东这样固执的人少见,但他认为这是自己的生意之道。中关村经营十年,他经历各种纠纷,但从未亏欠过任何人。他坚信合同中的规定必须遵守,如果不能遵守,不如不写。

徐新的决策智慧被事实充分验证。如今京东稳坐电商巨头的交椅,徐新当初的千万美元投资带来高达22亿美元的丰厚回报。徐新眼光独到,早前就发掘了中华英才网的潜力。当时该网仅五名员工,甚至连像样的商业计划书都没有,几乎被所有人忽视。她却敏锐地察觉到了它的未来价值,打工期间自掏腰包60万美元成为中华英才网的天使投资人。短短九年,获得800倍惊人的回报。

随后徐新又看中了丁磊和网易。当时没人相信网易能成互联网领军者，她却坚定地认为网易必定能登顶第一，果断投资500万美元。2003年，丁磊的身家飙升至76亿成为中国首富，徐新也收获了8倍的回报。

2005年，徐新创立今日资本，凭借投资刘强东的辉煌战绩一举成名，赢得了"风投女王"的称号。可以说，刘强东和徐新是彼此成就的典范。徐新的投资使京东在市场竞争中更加稳健，加速发展。刘强东也凭借才华和努力将京东带向高峰，为徐新带来丰厚回报。两人相互信任支持，共面挑战，共享成功。他们的合作不仅实现了个人的价值和梦想，也为中国电商的发展做出巨大贡献。

亏钱的京东拿下今日资本

徐新与刘强东的邂逅，堪称中国商界的经典传奇。然而，相较于传奇本身，外界更关注的是：当时的京东虽在电商领域初露锋芒，却持续亏损。许多投资者望而却步，担忧这是个无底洞。在京东深陷亏损之际，今日资本为何却独具慧眼，毅然选择投资？

作为资深金融家，徐新眼光毒辣。初次见面中，她便感受到刘强东的实在。他的诚实、善良和魄力，让徐新坚信此人值得信赖。她微笑着聆听刘强东讲述京东的故事，尤其是当他提到每天亲自在网上回帖了解市场时，徐新更确信这个年轻人有着非凡的执着和敬业精神。

刘强东给徐新留下的另一深刻印象是他的抱负。他眼中只有第一，没有第二，这种决心和野心让徐新感受到其内心的火焰。她心中涌起一种强烈的感觉：发现了一匹千里马，一个有望引领电商的领军人物。

徐新后来坦言："当时我就觉得，哇，遇到一匹黑马！为什么会打动我呢？就是两点：一个是他一分钱广告不打，每个月增长10%，这说明是品类机会的来临；第二，老刘给我的印象是特别值得信赖。"[1]

初步决定投资后，徐新并未急于下结论，而是亲赴京东总部展开细致调查。刘强东热情展示京东ERP后台，此举动令徐新眼前一亮。

---

[1] 2022年5月15日徐新在"南大校友会"视频号直播对话中谈到投资京东时如是说。

她惊喜地发现,京东在当时并未投一分广告,2006年的销售额却高达约8000万元,且每月的销售额正以10%的惊人速度增长。更令她印象深刻的是,高达50%的用户重复购物,这无疑证明了京东强大的用户黏性与市场潜力。

尽管京东规模尚小,内部管理也有不规范之处,比如财务工作由技术人员兼管,但徐新并未疑虑。她深知企业的核心运营数据才是关键。而京东的ERP系统全面透明地反映了财务、货物等运营状况,让徐新对京东的实际情况有了更加直观深入地了解。

为确保决策准确,徐新更进一步深入调查京东客户群体。结果显示:京东销售均为正品,价格相比线下便宜10%~20%,客户黏度极高,6个月内重复购买2~3次的用户占比超过50%。这些真实的数据与京东ERP系统中的信息完全吻合,进一步坚定了她的投资信心。

在徐新看来,刘强东抓住了零售本质。她尤其赞赏京东坚持的"正品、低价、服务"策略。她深知,为了实现这六字方针,京东投入巨大。为了巩固扩大份额,京东常常以低于进货价的价格出售商品,这种烧钱策略并非一般企业所能承受。

物流和售后服务方面,京东同样不惜血本。他们推出的"五日售后服务"承诺以及返修产品不超过三天的快速处理方式,极大地提升了客户体验,吸引了大量忠实顾客。

尽管京东当时的盈利能力较弱,但徐新敏锐地注意到京东在资金周转率和去库存能力上远超其他电商。许多电商平台因库存积压亏损,京东却展现出极强的库存消化能力。这种高效的运作模式赢得了徐新的高度认可。

徐新的调查可谓细腻全面,她不仅看到京东表面成绩,更深入挖掘了其背后的成功因素。正是基于这样的深入洞察和严谨分析,徐新最终做出了投资京东的明智决策。

然而,她的合伙人们看法不同。受限于对小公司的刻板印象,他们怀疑京东的数据真实性，因此决定进行详尽的背景调查。

在今日资本最终拍板前，常斌（当时担任今日资本的投资经理，后来于2013年11月1日加入京东，成为负责投资的副总裁）肩负起尽调的重任。他在网上论坛中发现，京东虽然遭受了不少批评，但用户的观点鲜明：白领倾向于选择新蛋，而追求性价比的学生群体则更偏爱京东，因为在这里购物，不仅免去了前往中关村的拥挤之苦，还能避免被奸商欺骗甚至遭受暴力。

今日资本团队认为，网友所指出的不足实际可通过改进提升。常斌进一步深入，亲自致电30位京东用户收集反馈。用户们普遍表示京东购物方便、价格实惠、服务专业。尤其热衷电脑DIY的群体，对京东忠诚度极高。

当时京东有一个特色活动"月黑风高·老刘专场"，每到深夜便以极具吸引力的底价销售CPU、硬盘、主板等商品，吸引了大量重度用户熬夜"淘货"。此外，常斌还联系了10位供应商，他们反映尽管京东的订单量不大，但团队斗志昂扬，合作起来令人振奋，有一种"我们与你们不同"的独特魅力。

京东当时尚处初创阶段，规模小，团队架构未完善，财务管理也不够专业和规范。值得一提的是，京东的ERP系统竟是刘强东亲自设计，他亲自把关存货、销售量以及现金流等关键环节。今日资本在抽查库存和现金情况后，发现数据均准确无误，这颠覆了他们对小公司的刻板印象，增强了投资信心。

深入尽调时，今日资本团队与京东的老员工深入交流，发现他们对刘强东怀有深深的敬意，忠诚度极高，团队执行力强，工作拼尽全力，这种企业文化令人印象深刻。

内部讨论时，有合伙人认为电脑组装市场可能衰落，未来是整机天下。也有合伙人质疑，生意不挣钱，估值如何确定？但调查结论显示，消费者对京东的服务充满热爱，批评也出于关心和期待。如果注入资金改善服务,生意有望扩大。

最终,徐新凭借敏锐的市场洞察力和对刘强东团队的坚定信任,果断拍板决定投资京东。她相信,通过资本的支持和团队努力,京东必将迎来更加辉煌的未来。

亏损的京东最终赢得今日资本的青睐,主要原因在于刘强东和京东人的实在:对客户真诚,从不忽悠;从不造假,记账实事求是。归根结底,是真诚创造了奇迹。当然,刘强东展现出的长远目光和不急于求成的创业态度,对徐新做决定时起到了关键作用,从而获得支持。下面的这段话,足以让我们感受到刘强东与普通创业者的不同之处:

"互联网领域有个很普遍的说法:风来了,猪都会飞。我认为如果你是一头猪的话,就两种选择:第一个选择你使劲吃,使劲睡,抓紧最后的日子,享享福得了。第二条路,你就每天少吃,多走路,锻炼身体,把自己弄瘦一点儿,让养你的人晚杀你几天,你干吗非要飞起来?猪飞起来有什么结果?你是头猪,飞到天上去,是疯狂了十几秒,但摔下来死得更快。"[1]

---

[1] 2015年9月刘强东在京东内部演讲时语。

笑着签下对赌协议

2007年8月28日下午2点,位于北京长安街的中国大饭店热闹非凡,"360buy京东商城携手今日资本共谋B2C天下"融资签约新闻发布会正在这里举行。一百多位业内资深人士与媒体记者受邀出席了这场新闻发布会。中国电子商务协会、艾瑞咨询集团、神州数码科技发展有限公司及英特尔中国有限公司高层领导等重量级人物发表了重要讲话,今日资本着实为京东撑足了排面。

这一天对京东来说是个里程碑,意味着京东自成立以来首次获得风险投资。发布会上,刘强东与徐新紧紧握着手,共同见证了这个历史时刻。两人满怀喜悦地拿起笔,签下了这份意义深远的合同。身为今日资本总裁的徐新正式宣布,要向京东投入1000万美元的风险投资。

会上,刘强东以"九年磨砺,睿创奇迹"总结了京东公司九年发展历程,这是他第一次向外界介绍京东。借着这个机会,他还宣布了一个消息,京东的域名变更为www.360buy.com。2004年京东刚创立时,其网址为www.jdlaser.com,当时京东主要卖光磁产品,所以在域名中加了"laser"(激光),目的是做垂直网站。融资成功后,京东打算扩大经营品类,加上当时很多客户都觉得京东最早的域名非常难记,搜索不方便,所以刘强东决定借着这个机会改为360buy.com,意思是"全方位购买"。这个域名不免让人想起奇虎360,由此引发了争议,刘强东只好再次修改域名,这个我们后面还会提到。

同一时间，在徐新的建议下，京东 VI 设计也重新做了更换，变得时尚、精美、大气，很有大网站的样子。焕然一新的京东摩拳擦掌，向着新的阶段前进。

发布会上，刘强东还收到了今日资本为他准备的惊喜：京东与神州数码成功签下了 2008 年度价值 3 亿元的销售合同。此次合作中，京东差不多涵盖了神州数码代理的所有产品线。之后，京东的信息系统与神州数码的信息系统实现了无缝对接，顾客在网购时可以实时查看神州数码仓库的库存情况。就算在非工作时间下单，订单也会即时传入神州数码系统，确保工作人员在次日上班时能够第一时间处理，进而有效保障客户所需货物的及时保留与供应。

不过，资本终究是追求利益的，刘强东从徐新那里得到的这一切，其实都得付出相应代价。那么，京东要付出什么呢？

刘强东和徐新签订的协议有这么一条：未来五年内，京东的年增长率必须达到或超过 100%。若刘强东未能实现这一目标，就得向今日资本转让一部分股份；相反，要是他达标了，今日资本就要向刘强东、京东的领导团队以及员工转让相应股份，作为奖励。

虽然外界大多将此协议视为对赌协议，还说这是京东史上仅有的一份对赌协议，但今日资本坚持认为这叫目标激励条款。他们的理由是，这一条款只包含激励办法，并未设定任何惩罚条款。

制定目标时，今日资本的投资经理常斌给刘强东打了电话，请求他提供未来三年的业务预估。刘强东很快用传真回复：预计 2007 年销售额为 3.5 亿元，2008 年则达到 10 亿元。

考虑到 2006 年京东的销售额仅为 8000 万元，常斌对刘强东给的数字很意外：第二年要增长四倍，第三年又在第二年的基础上再增长三倍，这简直跟开玩笑似的！

常斌立刻将自己的疑问告诉了徐新。因为担心目标过高完不成而影响士气，徐新和今日资本高管又与刘强东商量了一番，最终确定了一个看似更为合理的四年业务目标：每年销售增长100%，并在第四年实现盈利。要是这个目标能达成，今日资本同意拿出部分期权奖励京东团队。这一条款也被正式写入合同中。

面对今日资本最终定下的目标，刘强东心里很有把握。他曾跟外人说，徐新他们设定的目标"我们闭着眼睛都能完成的"。但刘强东表现得却很为难，尽量不让自己显得太自大。签合同的时候，他心里美滋滋的，觉得对方的要求实在太低了。

在他"为难"签字的时候，徐新还特别嘱咐他，创业前期团队很关键，让他把20%的股份分给员工。刘强东说早已答应给员工分股份，当时京东共有38名员工，每人都有份。分完股份后，股权比例变为刘强东40%，徐新40%，员工20%。徐新还提出，如果五年内完成目标，就给刘强东和员工各增发9%的股份。那时候刘强东对"增发"这一概念不太明白，过了很久才搞清楚。

事实上，到2008年，不到两年的时间，京东的销售额就达到10亿元。徐新履行协议，给刘强东和员工各增发9%的股份。虽然她被稀释了18%的股份，但目标提前三年完成，她还是特别高兴。要是没完成目标，员工的9%就拿不到了，京东反而要给徐新增发9%。

刘强东认为，投资人投入这么多资金，要求业绩是合理的。让他没想到的是，徐新没提这1000万美元的投资要保证多少年后还多少，也没有说如果公司亏了该怎么赔。刘强东多次强调，如果公司亏损，他只能卖掉家里所有东西来赔，但徐新表示作为风险投资，亏损了不会找他打官司，并详细解释了股权和股东权利这些概念。到2007年底，剩余的500万美元也打给了刘强东。

关于对赌协议，刘强东在公开场合多次表示，徐新是他见过的最聪明的投资人，他很感激当时签了对赌协议，原因是：投资人让创业者签对赌协议，是为了控制风险。风险投资本来风险就大，签了对赌协议能让创始人更用心地经营公司。

当时签"对赌协议"时，刘强东只提了一个条件——京东的控制权必须在他手里。这成为他日后融资时最核心的原则。刘强东认为：

"投资人和创业者永远是平等的伙伴关系，你小的时候不代表弱势，你长大的时候也不代表就可以凌驾于投资人之上。就我接触的大部分投资人其实都是支持创始人的控制权的。坚持底线，积极谈判！"[1]

---

[1] 2011年7月5日刘强东在微博上关于融资忌讳问题发表了自己的看法。

第五章

质疑中自建物流

"电商平台做物流肯定会被拖垮!"京东自建物流之初,社会各界一片质疑。一直以来,电商平台走的都是轻资产模式,业内的观点一致认为,互联网企业本身就应该更关注线上,线下物流会涉及司机、仓管、快递员等百万工作人员,还会涉及仓库存储、货物搬运、车辆运输等中间消耗,本身运营就困难重重,稍有不慎,更会把平台拖入万劫不复的深渊。而刘强东看到的却是不一样的未来:物流服务是否优质是电商平台能否走得更远的关键因素!

从 3C 到全品类扩张

靠着今日资本的鼎力支持，刘强东干劲十足，斗志昂扬。他很快扩大了京东的商品种类，数码产品和手机迅速上架，并且市场反响良好，销量迅速增长。与此同时，京东还成立了市场部，专门负责宣传推广工作，品牌影响力也进一步扩大了。

然而，刘强东并不满足于在 3C 领域的成绩。2008 年，他决定进军大家电市场。按照京东商城官方的说法，大家电包括：空调、平板电视、冰箱、洗衣机、家庭影院、DVD、迷你音响、烟机、灶具热水器消毒柜、洗碗机酒柜、冷柜家电及其配件。

刘强东的这一决定在当时引起了公司内部的强烈反对。员工们纷纷提出疑问，老板是不是因为手握 1000 万美元，一时冲动做了这样的决策。

员工们担心，引入家电品类，京东可能撑不住。拓展家电品类显然需要大量资金投入以备货。由于京东初入家电行业，缺乏厂商资源，只能用现金从家电厂商处进货，这将导致大量资金被占用。此外，家电销售渠道复杂，利益关系交织，厂商愿不愿意将货物供应给京东，让其以低价在线上销售，冲击现有渠道，也是个未知数。再者，就算厂商同意发货，京东的进货成本能不能比国美、苏宁等传统巨头低，也是个问题。要是成本降不下来，而销售价格又要更具竞争力，京东可能会面临亏损风险。员工们怕的是，巨额资金投入家电品类后，要是未能取得预期效果，好不容易融来的1000万美元会一下子打了水漂，毕竟许多同行都曾因盲目扩张而消失了。

尽管遇到不少阻力，刘强东依然坚持自己的决策。他认为，用户能在京东买手机，自然也能在京东购买家电。家电厂商也需要京东，因为线下国美、苏宁等渠道占据了太大的市场份额，使得厂商利润空间小，生存困难。京东要一直发展下去，就得增加新的品类，否则发展将面临瓶颈。总之，家电市场是一块"大肥肉"，京东必须咬上一口。尽管他很清楚，这样做会让京东在亏损的道路上越走越远：

> "如果京东2007年没有转型成全品类电商的话，京东就可以实现微利了，因为3C标准化程度高，控制一下运营成本就可实现盈利，只做3C的话，不需要投入这么多做配送队伍，而转型则导致投入大幅增长，亏损时间加长。但是，利润不能拿钱袋子装起来，有更大的疆土需要开拓，收获的资金或者资源应该像种子一样撒出去。"[1]

为了保证京东商城的大家电产品价格处于最低水平，刘强东甚至用销售价低于进价的方式进行卖货。这种做法在其他电商看来简直难以想象，但刘强东自有他的道理。

刘强东并非将所有商品都以亏本销售，而是选择某一款或某几款商品进行亏本销售，以此吸引客流，在其他产品上盈利。此外，刘强东仗着自己6%~15%的渠道成本低于国美、苏宁的12%~20%，运营周期也比它们短（京东运营效率为7~30天，国美、苏宁为30~60天）。经过对全球零售行业的深入研究，他觉得只要把让利幅度控制

---

[1] 创京东.李志刚.中信出版社.2015年5月.

在 5%~6% 之间，京东是可以销售家电产品而不亏损的。

面对京东的强势入局，国美、苏宁想凭着自己在品牌商那里的话语权联手封杀京东。但品牌商看到网络销售渠道的力量后，反而选择与京东合作。

2008 年 4 月，韩国 LG 公司北京办事处派人到京东做实地调查，原因是 LG 韩国总部接到了来自国美和苏宁的联合投诉：京东商城销售的某款 LG 液晶电视产品线上价格比线下低 500 元，直接冲击了线下渠道，所以要求 LG 停止向京东供货。

LG 调查团队说明来意后，刘强东展示了该款产品的详细销售数据，包括每日购买人数、性别比例、地域分布、联系方式等，还说这些数据可以与 LG 共享。他强调，与京东合作，LG 无须支付进场费、节庆店庆周年费、价格促销费、红蓝券费用、二次物流费、超期仓储费、DM 邮包费以及广告支持费等多项费用。

免除这些费用后，LG 通过京东商城销售产品，利润率能够提升 3 个百分点，远高于传统销售渠道的利润率。此外，刘强东指出，与国美电器 3 个月的回款周期相比，京东的回款周期只有 20 天。最终，LG 不但没有对京东施加压力，还在当年 5 月与京东签订了战略合作协议。随后，包括索尼、创维在内的多家家电品牌也纷纷与京东建立了合作关系。

原本看不上京东的国美和苏宁，洞悉到电子商务的巨大发展潜力，不再固执己见，在电商领域均采取了重要行动，与京东展开线上竞争。国美将原本属于总部业务中心的电子商务部提升为一级部门，与公司其他 16 个中心并列，地位相同。同时，苏宁电器也推出了其电子商务平台的新版本，这个版本实现了与苏宁电器后台信息系统的全面对接，并在用户体验、社区论坛以及互动性方面做出了明显改进，进一步提升了在线购物体验。也就是说，国美和苏宁不仅没有成功封杀京东，反而因为京东的缘故，搭上了电商时代的列车。

成功打开家电市场后,刘强东决定增加图书品类,这一决策再次引发了激烈的反对。但他坚定地认为,京东应当满足用户的所有需求。在扩张品类的决策过程中,刘强东遇到了最大的阻力,所有投资人都反对,管理层内部也仅以微弱多数通过,差不多一半的管理层都持反对意见。在 11 位部门经理中,只有 6 人支持这个决定。不过,刘强东的战略眼光多次得到验证,反对意见最终被证明是错的。因此,他的决策后来再也没有遭到过反对。

刘强东具备的战略眼光和敢于决策的魄力,无疑是京东从亏损困境走向辉煌成功的关键因素。他引领京东从最初的 3C 产品领域稳步拓展至全品类覆盖,每一步战略决策都伴随着巨大的挑战和不确定性,但最终都被市场证明是明智且成功的选择。

在刘强东的理念中,遇到反对声音并不可怕,真正可怕的是领导者在嘈杂的反对声中失去了独立判断和战略决策的能力。他清楚,为了京东的长期可持续发展,有时必须做出不被大众理解的决定。所以,他愿意勇敢地站出,成为那个在争议中坚持自我、不顾反对的领航者,带着京东不断地突破边界,迈向更加广阔的未来。这种坚定的信念和勇气,不仅为京东赢得了今天的辉煌,也为公司的长远发展打下了坚实的基础。而这也正是风险投资家欣赏他的地方。

不能改变行业，那就自己做

关于京东物流，如今业内给出的评价是：如果没有京东物流，也不会有现在的电商三巨头之———京东。京东的成功实际上是京东物流的成功。而这份成功来得并不容易，它是建立在12年的连续亏损和不被认可的重重阻隔基础之上的。

全品类战略的敲定，带来了前所未有的新挑战：仓库不够用，物流超负荷。进军大家电市场，京东面临着巨大的投入压力，得建专门的库房，并且配送方式与中小件商品不同，需要聘请背楼工来搬运空调、冰箱等大家电，还涉及安装和售后服务等问题。

对此，刘强东给出的答案是："有朝一日，当我们筹到足够的资金，就可以自建物流体系。在此之前，我们先将物流外包给第三方物流公司。"

但外包毕竟只是权宜之计，刘强东心里还是倾向于自建物流。了解刘强东的人都知道，他是一个喜欢亲力亲为且掌控欲很强的人，在他看来，只有自己掌控，才有安全感。当然，他这种想法也是有客观原因的。

国内快递行业长期以来乱象丛生，就像历史上的诸侯割据时期。除了中国邮政，没有哪家公司能够建立起覆盖全国的网络。快递公司靠加盟店扩张业务范围，这种模式导致了服务质量不稳定。快递过程中经常出现暴力卸货的情况，甚至不乏丢件事故，其中很多是内部人员监守自盗。由于监管不足，这些问题的责任往往难以追查。这对于京东来说，无异于是致命伤。

要知道，当时中高端消费者 90% 都在京东购物，家里柴米油盐等所有东西都在京东购买。这些优质客户习惯在京东购物，是因为京东送货快、价格便宜。随着用户越来越多，物流外包的弊端就不断暴露出来。

那时京东 70% 的客户投诉都源于物流问题，送货慢和货物损坏严重占很大比重。刘强东很看重用户体验，他提出的"倒三角"管理模型中，用户体验在最上层。既然物流问题已经严重影响到用户体验，那就必须从根本上解决。

改变行业是不现实的，那就只能自己来做！2007 年，刘强东拿到首轮融资后，做了个重大决策：自建物流。这一举动在当时引起了广泛的质疑，不少人认为这是在浪费钱，甚至被一些同行当作笑料。但刘强东对自建物流有着更深刻的理解。

其实，刘强东早就找到了学习榜样。在自建物流方面，美国亚马逊的创始人贝索斯树立了典范。亚马逊自 1994 年创立以来，花了 10 多年的时间来建设仓储和物流系统，丰富产品线，并完善服务器和数据库架构。这期间，亚马逊的总投资可能超过了 20 亿美元。这些初创期的巨大投入让亚马逊长期亏损，创始人贝索斯因此成为华尔街最不受欢迎的人之一。直到 2003 年，亚马逊成立 8 年之后才开始实现盈利。2007 年，亚马逊的市值超过了最大的竞争对手 eBay。

国内电商领域，当当、阿里巴巴都在做纯互联网模式，即所谓的轻资产模式，这种模式曾被看作是最聪明的做法，也是资本喜欢投的模式。但是，刘强东和他的团队在传统行业打拼了六年，所以他们做的电商注定与纯电商企业思路不同。在心里，刘强东非常认可亚马逊的做法。他说：

"我发现传统商业的价值和经济规律完全适用于互联网。任何一种互联网商业模式,如果不能够降低行业的交易成本,不能够提升行业交易效率的话,那么最后注定会失败的。"[1]

重资产的模式费时费力又费钱,且见效慢,刘强东为何执意如此?背后真正的商业价值,不仅是用户体验,更在于他看到了一个崛起机会:中国社会化物流成本奇高无比,若能提前布局抢占先机,未来回报将超乎想象。

国家官方数据显示,中国社会化物流成本占 GDP 总值 17.8%,这意味着整个中国制造业的利润都不到 17.8%,而整个物流成本却高达 17.8%,对比之下欧盟是 7% 到 8%,日本仅 5% 到 6%,中国比欧美高出了 10%。为何如此之高?因为中国的商品搬动次数太多。

在决定自建物流前,刘强东深入调研,发现其中蕴藏着巨大机会。消费者去中关村买电脑需经五次搬运。联想不零售,找神州数码;神州数码不接触终端用户,找代理商;代理商不零售,找柜台零售。电脑从联想工厂搬出后,先搬到神州数码的库房里面,再搬到北京市代理商的库房里,接着搬到经销商库房去,分到各柜台的库房里,最后才卖到消费者手里。每次搬运都产生成本与损耗。

商品平均搬运达五到七次,如果自建物流并坚持自营为主,京东可减少一半以上的搬运次数。拥有全国物流体系后,京东直接与厂商合作,电脑从联想的工厂生产出来,第二天就进了京东遍布全国的库房,就近发货,消费者便能迅速收货。

这还只是最初的设计,京东的终极目标,只是搬运两次:产品出厂前锁定客户,出厂后不经过京东库房,仅通过京东物流直达消费者

---

[1] 语出 2015 年 9 月刘强东所作的一场主题为"十二年互联网从业思考"的分享演讲。

家中，甚至无须入库。

尽管现在我们对京东物流的"闪送"习以为常，但刘强东的这一伟大构想在当时十分超前，无人相信这种神话级的交易效率。不过，同行嘲笑、外人质疑皆可置之不理，但是刘强东必须让资本方相信他。

"为用户体验烧钱值得"

说服投资人远比说服内部管理人员要困难得多。刘强东费了不少功夫,才让京东当时的大股东今日资本松口。

在京东的一次董事会上,刘强东提出了自建物流的战略设想。针对外界盛传的"烧钱说",他特意向徐新进行了详细地阐述:

> "烧钱有两种烧法:一种是把钱扔到水里去,那是对投资人不负责任的行为。京东烧钱是建大量的物流中心和信息系统,不是把钱扔到水里去,而是实实在在转化成了公司未来的核心竞争力,转化成了用户体验的不断提升,我们烧钱都烧到这儿了。为用户体验烧钱,我觉得值得。因为烧钱一定要烧出核心竞争力,任何一家公司烧出核心竞争力你就可以成功,如果烧钱没有建立任何竞争壁垒,没有任何核心竞争门槛,我认为你的钱就烧得没有任何价值和意义。"[1]

听了刘强东的话,徐新虽然心存疑虑,但表示理解。她清楚刘强东是一个有远见的人,他的决策往往都是经过周密考虑。于是,她没

---

[1] 我的创业史/刘强东口述,方兴东访谈、点评. 北京:东方出版社,2017.5.

有过多追问细节，转而提出了一个更实质的问题：需要多少钱？

刘强东立刻着手做预算。一番计算后，他得出了一个令人震惊的数字：10亿美元。当他把这个数字告诉徐新时，徐新非常惊讶。她看着刘强东，带着些许无奈说："刘总，你连2000万美元都没融到，现在开口就是10亿美元，是不是太激进了？"

刘强东却非常坚定：预算虽大，但物有所值。只要京东能建立起强大的物流系统，提升用户体验，就能够赢得更多客户，实现公司的长远发展。况且，10亿不算多，因为亚马逊自建物流体系前后投入超过了20亿美元。

作为一名精明的投资人，徐新自然不会轻信刘强东的话，她对京东自建物流的决策做了深入推敲。如果京东投资仓配一体的物流，一个城市一天送20单肯定亏本，一天送2000单才能保本。然而，从20单到2000单需要很长时间，有的城市可能要耗时9个月，有的甚至需要两年。这么长时间的亏损，京东真的能承受得住？这个问题让徐新放心不下。

刘强东明白，投资人最关注资金安全。为此，他进一步解释道，自建配送团队，能确保资金交易安全，也方便投资人对京东商城的每一笔收入都清清楚楚。在京东的配送流程里，库房人员接到订单后，会马上从库房把商品发送给司机。司机随后将这些商品分拨到所在城市的各个配送点。配送点的站长收到货物后，会分配给该站点的配送员。配送员负责把包裹直接送到用户手中。支付时，客户有多种选择，可以用配送员自带的POS机刷卡、付支票或现金。如果用现金支付，配送员会把收到的货款带回站点上交。由于整个配送团队都是京东的员工，这种内部管理机制最大程度地保障了货款安全，大大降低了现金交易的风险。

尽管徐新并没有完全想明白，但也没有特别激烈地反对。她非常欣赏刘强东的三个优点：富有远见、有勇气、商业嗅觉极其灵敏。

当然，徐新决定支持刘强东的决策，其中一个关键因素是亚马逊已有先例。当时风险投资界有一个不成文的规矩：国外有可参考的模式，这个项目才能投。这一点，徐新非常坚持。后来再融资时，因为外国没人这么做，徐新就坚决反对刘强东，下文我们会详细展开。

同意自建物流后，徐新也提出了自己的条件：不要太冒险，不要超过10个城市。等有了实际数据，再向董事会汇报，看是否继续在全国大面积铺开自建物流。刘强东理解徐新的担忧，答应了这个要求。

有了徐新的授权，刘强东就把从她那里融来的1000万美元全部投入自建物流。2007年8月，刘强东在北京小范围试点自建物流，他招来了北京配送部负责人，并在北京海淀区凤凰岭建起了第一个仓库，接着在北京潘家园站建成了第一个配送站。到2008年5月，北京配送部已经设立了5个站点，每个站点负责的配送区域都相当大。例如，亚运村站覆盖了北京北部大部分地方，北到天通苑，南到北二环，西到八达岭高速，东到望京。亚运村的5名配送员负责大约100平方公里的区域，一天要送三四百单。

试点阶段用了不到一年，京东第一轮融资的1000万美元很快就用光了，这些钱全部都被刘强东投进了物流建设，他不得不再次寻找投资。由于2008年金融危机的背景，融资变得异常艰难。最终仍是徐新出手帮忙牵线，京东才得以完成B轮2100万美元融资，自建物流项目才得以延续。

没人愿意打没把握的仗。为了京东的前途，刘强东选择了放手一搏。这次对赌也被称为京东史上最惊险的一役。也正是因为刘强东的坚持与果敢，让京东后来有了重资产护城河——京东物流。

回过头看，刘强东当初的决策，不仅解决了颇为棘手的物流难题，还为京东未来的发展打下了坚实基础。自建物流不仅提升了用户体验，还增强了京东的核心竞争力，正如当年刘强东所预言的那样："任何一家公司只要做出核心竞争力就能成功。"

最重要的是，京东自建物流最终也改变了快递行业的乱象。如今整个中国的快递业取得的巨大进步，很重要的原因在于京东物流倒逼市场上的快递公司、物流企业去提升用户体验，逼着他们往前跑。

爆仓促使自建库房

刘强东融资拿到钱后,最想做的就是夯实京东的物流体系,盈利并非他当时的首要考虑,追求规模被摆在了首位,他坚信京东规模越大越安全,只有销售额突破500亿元,他才会觉得京东真正安全。而要追求规模,物流体系和信息系统的支撑不可或缺。

然而,刘强东起初低估了自建物流的艰巨性。他以为只要租下仓库,自己管理,就能解决用户体验问题。后来的事实证明,这种想法太过简单。

2007年4月,京东成立华南区,覆盖福建、江西、湖南、广西、广东、海南五省一自治区。易文杰,这位后来的华中区总经理,当时挑起了开拓华南的重任。初创时期,华南区仅有13名员工,他们在广州天河区石牌街的一套民居里设立了临时指挥部。在那里,员工们穿着睡衣睡裤抱着电脑干活儿,新加入的员工甚至误以为这家公司是搞传销的。但正是这13人,在短短一个月内,完成了海珠区海联路48号办公室的装修,建起了2000多平方米的库房,并顺利发出了2000多个订单。当时的配送,全部依赖第三方快递。

不久,京东在广州市荔湾区建起华南区的第一个自营配送站——康王站,并开始自建配送队伍。6名配送员肩负起了荔湾区和越秀区的配送任务。2008年,华南第二个站点落地深圳,覆盖罗湖、南山、蛇口、盐田港等区域。但仅仅3个月后,需求激增,迫使京东在关外宝安区开设新站点。宝安治安复杂，有著名的"砍手党"，易文杰果断从其他区域抽调站长和骨干配送员前往。

面对深圳配送范围大、效率下降的问题，易文杰决定加密网点。他让深圳片区经理接触韵达快递的站长和配送员，趁他们送完货后请客喝酒，详细讲解京东的前景和配送员在京东的待遇。结果，韵达的站长当场表态："没说的，我明天就过来。"这些从韵达过来的站长和配送员，经过前期培训后立即上岗，一夜之间，韵达的配送站换成了京东的招牌。

能实现这样的快速转换，是因为这些配送员多为老乡，他们会在私下交流各家公司的管理和待遇情况。京东尊重配送员，工资按时发放，每个配送站都配有空调和热水器。刘强东到站点看到配送员的生活条件后，当即拍板所有站点必须装空调和热水器，并在与易文杰吃饭时再次强调了此事。

对于配送员来说，他们的要求其实很实在。在京东，如果谁当天任务重，大家会一起帮忙送完剩下的货。而在其他快递公司，快递员送完自己货关心提成，不会帮同事。同样是辛苦奔波，但在京东，收入更高，团队氛围更暖，因此，其他快递公司的配送员纷纷选择跳槽加入京东。

华南区开了个好头，京东借力搭建物流工程，看起来挺顺利，可接下来的一件"事故"，彻底让刘强东转变了想法。

2008年11月，京东碰上了前所未有的仓储危机。库房严重不够用，订单量猛增，远远超出了公司的处理能力。面对这次史无前例的爆仓，京东不得不在官网上挂出紧急公告，恳请用户暂时别在京东下单，建议他们去别的平台进行购物。公司心里清楚，要是用户继续下单，送货时间肯定拖得厉害，这会砸了自己的口碑，这种损失可比短时间少卖点货严重多了。

在这场抢仓库的战斗里，京东员工拼得够狠。每天傍晚六点，银丰大厦办公室的员工们就赶去库房帮忙收货、打包、上架。他们常常只能扒拉几口盒饭，为了吃得下去，还特意准备了老干妈拌饭。大伙儿忙活到深夜一两点，公司再派车把累坏的人送回城里，第二天他们还得准时回办公室上班。

这些平时坐在办公室的人，那段时间里算是尝到了仓库的苦头。负责打包的手指被刀片割伤，手上满是冻疮和伤口。仓库里头比外面还冷，可上架的人跑来跑去满头大汗，有的员工凌晨三点出门才发现羽绒服都被汗水浸透了。负责打印快递单的员工，虽然站着不动，但一晚上下来，就算脚边有电暖扇，回家也得用热水泡半天脚许久才能缓过来。

这次爆仓危机成为推动刘强东加大物流投入的催化剂。刘强东之前一直无法理解，美国亚马逊在实现盈利之前为什么愿意花10亿美元自建物流，他一直认为网上运营不需要花太多钱，所以他才一度觉得徐新给他1000万美元太多了。但是爆仓事件后，刘强东突然意识到，美国亚马逊能有现在的辉煌，跟它自建物流有直接关系，而B2C平台的物流建设需要庞大的资金。

2009年初，刘强东摒弃了过去依赖租赁的模式，毅然决定自建京东的第一个库房。

财务总监陈生强算了笔账，建设一个库房需耗费1亿到1.5亿美元，他谨慎地问刘强东："你确定要这么做吗？"

刘强东毫不犹豫地回答："确定。"

陈生强再次质疑："你真的确定？"

刘强东坚定地再次回应："确定，一定要建。"

当时，京东还没有政府公关部和市场部，陈生强便亲自出马，与政府洽谈拿地的事。初次交锋，他便在酒桌上败下阵来，因为上海嘉定的政府官员早就属意新蛋网。幸运的是，事情很快就出现了转机。负责考察新蛋网的政府官员，在美国跟新蛋网负责人洽谈时，对方多次攻击京东，这位负责人敏锐地意识到，京东竟然能招来新蛋网的攻击，说明它的实力和影响力很强，充分了解后，他们转而欢迎京东入驻。2009年3月5日，京东顺利在上海组建了上海圆迈快递公司。

再后来，京东开始增设食品仓和图书仓，以应对业务的迅猛扩张。然而，仓储网络明显跟不上公司发展的步伐。京东在仓储建设上面临的最大挑战还不是资金压力，毕竟持续几轮融资下来，京东的账上是有钱的，最难的是寻找符合需求的大面积单体仓库。2010年电商行业爆发式增长，市场需求激增，而政府物流规划相对滞后，物流地产供不应求，找到现成且合适的仓库变得极为困难，常常在开仓时限临近时仍未能找到合适的仓储空间。面对这一困境，京东的仓储系统从高管到基层员工全部练就了快速搬仓的能力，能够在不影响日常订单处理的情况下，在有限时间内完成搬仓任务，这背后体现的是京东的技术实力和高效的运营管理能力。

除了找仓库的难题外，招聘人才也是一大挑战。当时京东的管理层缺乏有经验的电商人才，只能依靠内部提拔和从物流行业挖角来补充。基层员工同样紧缺，京东人力资源部可谓使出了浑身解数，参加各类招聘会；联系当地劳保部门搜集闲散人员资料；四处张贴小广告、刷墙宣传；与开设物流、电商专业的学校合作，为学校学生提供实习机会……把能想到的法子都用上了。人力资源部好不容易吸引来一两百名十八九岁的中专生、大专生，第二天到库房实地一看，往往就有几十人选择离开，被库房的工作环境吓跑了。

在2008年至2009年间，由于京东品牌号召力有限且库房位置偏远，再加上大众对仓储工作的接受度低，公司不得不大量采用派遣员工，这又带来了新的问题。京东自有员工享有完整的福利、工资和保险，而第三方派遣员工却在各项费用上有克扣，对工作颇有怨言。京东内部因此形成了"京东系"和"派遣系"两大阵营。2010年，京东在招聘市场上有了些许诱惑力，于是，刘强东果断决定，全面取消派遣员工，所有员工由京东直接招聘，确保福利待遇统一，消除同工不同酬的现象，也便于管理和培训。

刘强东之所以不惜重金、克服重重困难自建物流体系，既有着眼于长远竞争的战略需要，也有他对社会价值的执着追求。从长远竞争的角度来看，自建物流能大大提升京东的供应链效率，增强客户体验，从而在激烈的市场竞争中构建起难以逾越的竞争壁垒。除此之外，刘强东还看到了这一决策能带来的社会价值：

> "如果没有自建物流，我想京东不会有今天的大好局面，至少不会这么快达到今天的局面。一个企业存在的理由，就是为行业、为社会和国家创造独有的价值。"[1]

自建物流不仅为京东带来了商业上的成功，更在推动社会就业、提升行业服务水平、促进区域经济发展等方面发挥了积极作用。通过自建物流，京东创造了大量就业岗位，为社会稳定和经济发展做出了贡献。同时，京东物流的高标准服务也倒逼整个物流行业的服务升级，让消费者受益。此外，京东物流的全国布局还带动了地方经济的发展。

刘强东深知，企业的成功不仅仅体现在财务报表上，更体现在对社会的贡献和责任上。他坚持自建物流，不仅是为了京东的明天，更是为了社会的未来。这种超越商业利益的社会责任感，正是刘强东作为企业家备受世人钦佩的精髓所在。

---

[1] 最后一公里的哲学：电商物流全链条运营管理．张立民著．中信出版集团出版发行．2018年5月1日．

石破天惊的"211限时达"

在积极构建自有物流体系的同时，刘强东也没闲着，他深刻认识到服务创新对于提升用户购物体验的重要性。他坚信，只有不断在服务上进行创新，才能在竞争激烈的电商市场中脱颖而出，真正抓住消费者的心。

为此，刘强东带领团队深入挖掘用户需求，用那些既新鲜又贴心的服务点子，提升用户的购物体验，让顾客更愿意回归。京东大名鼎鼎的"当日达""次日达"服务就是这么冒出来的。

那时候最让用户头疼的首要问题，就是送货太慢：下了单，得等上好几天甚至一周才能拿到商品。对于京东这样以自营模式为主的电商平台来说，能不能解决这个痛点，将直接关系到留不留得住用户，牌子硬不硬。到2009年，京东的物流体系已经有点样子时，刘强东开始着手解决配送体验问题。

此前，京东配送部的绩效考核主要侧重于总妥投率，即成功投送的订单占订单总量的比例，还没涉及送件时间。但到了2010年，京东推出了创新的"211限时达"服务，承诺用户在晚上11点前下单，第二天下午3点前送到；中午11点前下单，当天就能收货。这一重大改进由当时负责配送的副总裁张立民推动实施。

张立民于2010年2月加入京东，之前在中国邮政干了16年，也在顺丰和宅急送等快递公司待过。刘强东在2009年11月通过猎头找到张立民，那天是刘强东从医院的病床上搬回办公室的第一天[1]。刘强东向张立民提出了缩短配送时间的想法，只给他一个月的时间做准备和调研，中间还夹了个春节。张立民上任后的首要任务就是确保至少有8个城市能做到一天送两次货。

2010年2月底，张立民在广州调研时第一次提出"物流大提速"的想法，刘强东二话不说就给予了肯定和支持。一周后，张立民发了一封邮件给刘强东，报告了具体的实施方案。其中提到上午10点之前的订单下午送达，晚上11点之前的订单次日上午送达。刘强东认为上午10点恰恰是用户下单的高峰期，如果不能满足他们当日送达的需求，体验就掉价了，于是改成了上午11点之前的订单当天送。就这样，明确了两个11点的时间节点，刘强东给这套标准起名"211限时达"，"211限时达"也就这么诞生了。

实施"211限时达"服务可不容易，仓库需要在现场快速清查，准确识别出在11点前下单且属于"211限时达"配送范围的订单，还得插队优先处理。这在当时的技术管理体系中是一项艰巨的任务。同时，员工的作业方式也需相应调整，尽管订单总量保持不变，但每天中午和晚上11点各需进行一次清查，流程上不一样了，需要员工理解并适应新的工作方式。

京东以快速著称，张立民在推动新项目时，通常会先内部研讨并征求草案意见，随后与别的部门进行横向沟通，整个会议常常只需十几至二十分钟就完事。之后，他会在特定区域试跑，一旦试行取得成果，便正式推广。张立民拥有充分的权限去实现自己的设想，碰到坎儿，他会直接向刘强东摊开说，一点不藏着掖着，从而获得资源上的支持。

---

[1] 金融危机带来的资金压力和面对员工们的责任压力，让刘强东患上了腰椎病，不得不躺在医院的病床上。

与刘强东谈事效率极高，通常不用10分钟，刘强东对公司了如指掌，一听问题便能迅速作出决策。

在快速决策的过程中，难免会有疏漏，正如俗话所说"萝卜快了不洗泥"。面对全新的、未知的领域，谁也不敢说100%正确无误。用什么数据和事实来证明方案是否可行？答案只能是实践。京东文化鼓励尝试，也接受快速犯错。在历史发展的洪流中，犹豫不决是不可取的，很多时候决策的速度往往比决策的正确性更为关键。

在管理层中也有人担忧实施"211限时达"会导致成本飞涨，认为这一计划不靠谱，最终要么成为一纸空文，要么招来更多投诉。然而，刘强东坚定支持"211限时达"，他坚信要使京东在各方面领先于行业，立起金字招牌，就必须设立行业标杆。

"211限时达"于2010年2月首先在上海跑起来了，两个月后已在全国范围内上线。一上线就火了。"211限时达"的推出，是京东的一次惊艳亮相，这款标杆性的创新，不仅提升了京东的品牌形象，也将电商行业的用户体验标准拔高到了一个新的水平。用户不用再苦等，尤其是对于急需商品的用户来说，"当日达"和"次日达"简直解了燃眉之急。"211限时达"大受欢迎，也再次证明了京东自建物流的正确性。

京东靠着自建物流和"211限时达"，建立了竞争对手难以复制的优势。通过"211限时达"在用户心中给京东贴上了"快速、可靠"的标签。这一服务成为京东区别于其他电商平台的核心竞争力之一，倒逼其他电商平台提升自己的物流服务水平。例如，天猫、苏宁、唯品会、拼多多等这些，都陆续推出了类似的限时配送服务。

在京东"211限时达"的压力下，天猫推出了"次日达"服务，承诺用户在一定时间内下单，第二天就能送到。为了进一步与京东竞争，天猫在一些核心城市还推出了"小时达"服务，整合本地仓储和配送资源，实现部分商品下单后一小时就能送到，"内卷"到了极致。后来，阿里巴巴联合多家物流公司成立了菜鸟网络，目的就是为了提高效率。

"211限时达"服务也让苏宁坐不住了，苏宁推出了"半日达"服务，承诺用户在一定时间内下单，半天内送到。为了进一步提升用户体验，苏宁在一些城市推出了"准时达"服务，用户可以自己挑选送货时间段，苏宁承诺在指定时间内送达。再后来，苏宁在一些城市推出了"30分钟达"服务，用户下单后，半小时内收货，再次刷新了"内卷"纪录。

受到京东"211限时达"的影响，唯品会也不得不推出"次日达"服务，并在一些核心城市尝试"极速达"，承诺用户在一定时间内下单，商品将在数小时内送达；拼多多则别出心裁地推出了"极速退款"服务，用户没收到货就能申请退款，提升了用户的信任感。就连亚马逊中国也不得不做出改变，推出了"当日达"服务，承诺用户在一定时间内下单，商品将在当天送达。

刘强东曾说过，用户体验是京东的生命线。在他看来，打造极致的用户体验，京东可以打败任何对手：

> "我始终相信，只要我们的用户体验比别人好，就可以超越任何对手。而我们要做到的，就是全球最好的用户体验。"[1]

"211限时达"服务的推出，是刘强东和京东在电商物流领域的一次重要创新。它不仅解决了用户对配送时效的迫切需求，还推动了整个行业的服务升级和效率提升。通过这一服务，京东不仅赢得了用户的信任，更让自身在电商行业中坐稳了头把交椅。

---

[1] 源于刘强东为张立民的《最后一公里的哲学》所作的推荐序。

第六章

金融危机的"融资秘诀"

　　2008 年国际金融危机爆发,世界经济陷入深度衰退,众多中国企业在这场风暴中遭受重创,甚至难逃倒闭的命运。然而,京东却在这样的逆境中实现了令人瞩目的飞跃式发展,展现出强大的抗风险能力和战略韧性。从 2008 年至 2010 年,京东累计融资金额超过 20 亿美元。这不仅为京东提供了充足的现金流,更使其在金融危机中逆势而上,实现了价值的倍增,迅速崛起为电商领域的一颗璀璨"新星"。在融资环境极其不利的背景下,刘强东究竟是如何一而再,再而三地赢得投资人信任的呢?

"金融危机是京东的第二次机遇"

在完成首轮融资后，京东商城的销售额实现了显著增长，这一成果让刘强东和全体京东员工倍感振奋。在2008年之前，众多互联网企业依靠持续融资实现了快速扩张，尽管京东依旧面临亏损，但刘强东对公司的未来充满坚定信念，他已全力以赴地投入到电子商务的宏伟蓝图之中。

然而，一场突如其来的全球性金融危机骤然爆发，这场金融风暴给中国互联网行业带来了"第二次寒冬"。

这场金融风暴的源头在美国。在21世纪初期，美国房地产市场繁荣，房价持续攀升。金融机构向信用评级较低的群体提供了大量次级房贷，这些贷款通常利率较高和还款条件苛刻，却吸引了大量希望购房的家庭。然而，许多借款人并没有能力偿还这些贷款，潜在风险不断地积累。

美国房价在2004到2006年间上涨了30%，相比2000年上涨了80%。这种上涨并非基于经济基本面的稳健增长，而是建立在大量借贷基础上的虚假繁荣。当大量借款人无法按时还贷时，房地产市场泡沫开始破裂，房价出现断崖式下跌。

次贷危机使得众多发放高风险住房贷款的金融机构深陷困境，进而触发了金融市场的恐慌与信任危机。鉴于美国金融市场与全球金融体系的紧密交织，这场危机迅速蔓延至世界各地，导致股市急剧下挫、银行破产倒闭、信贷市场紧缩、货币价值下滑、贸易活动萎缩等一系列连锁反应，最终将全球经济拖入到深深的衰退旋涡之中。

一方面，随着外部环境的恶化导致中国经济增长速度逐渐放缓。次贷危机引发的全球市场需求萎缩，使得中国出口企业面临订单锐减、利润下滑的严峻挑战，一些企业甚至走向倒闭的境地。在这种大背景下，电商企业同样面临生存考验。

以出口为主的阿里巴巴受损最为严重。2007年，阿里巴巴在香港联交所上市，并成为当年市值最高的中国互联网公司，盈利能力惊人，与2006年相比增长了近1000倍。然而进入2008年，阿里巴巴的股价从每股39.7港币跌至19.98港币。阿里巴巴遭受如此重创，其他电商的处境可想而知。

另一方面，次贷危机的冲击严重打击了中国金融投资市场的信心。暴露了中国金融机构在海外投资的风险，特别是在美国次级贷款及其衍生品上的投资的巨大风险，导致损失惨重。例如，中投公司对摩根士丹利、黑石集团以及货币基金的投资遭受了惨重的损失，而国内各大银行持有的次贷及雷曼兄弟债券也造成了巨额亏损。

这些金融机构的损失不仅削弱了其自身财务实力，还导致了投资意愿的显著下降。由于损失惨重，它们变得更加谨慎，不愿意对企业进行新的资金支持，从而使得市场上的融资活动变得极为困难。企业难以获得必要的资金支持，进一步加剧了经济增长放缓的程度。

就中国互联网行业而言，雷曼兄弟的破产犹如是一场突如其来的寒潮，瞬间冻结了原本蓬勃的行业热度。对于已经积累了一定规模和实力的大企业而言，凭借雄厚的资金储备和经过市场验证的商业模式，得以在这场"寒冬"中保持稳健。然而，对于那些正处于创业期的中小企业来说，这场"冬天"却可能是生死攸关的考验。它们往往缺乏足够的资金缓冲，一旦遭遇融资困境，很容易陷入生存危机，甚至面临倒闭。

当时，京东刚刚拓宽了产品线，公司的资金几乎耗尽，员工们忧心忡忡，担心京东会步其他企业倒闭的后尘。然而，刘强东挺身而出，他坚定地向团队宣告：京东不会解散，当前正是京东腾飞的关键时刻，也是网购热潮的兴起之时。在接受采访时，他明确表态：

> "我觉得不管'冬天'多么寒冷、资本市场多么糟糕，只要你的模式清晰，发展非常快，而且是健康发展，都不用担心。"[1]

金融危机下，无论企业规模大小，其生存之本始终在于市场，在于如何吸引消费者以实现利润增长。随着消费者开支趋于谨慎，企业的盈利空间受到压缩。然而，生活必需品的需求并不会因危机而消失，消费活动仍将持续。在此情境下，消费者更偏好性价比高的商品和服务，而这恰恰为京东创造了新的发展契机。

刘强东对市场走势和宏观经济形势的敏锐洞察，几乎成为京东未来走向的关键节点。尽管他满怀信心，但面对汹涌而至、威力惊人的金融危机，他的内心也不免感到压力。

事实证明了刘强东的预测。自金融危机漫卷以来，网络购物便持续升温，众多传统零售商遭受重创，而电商平台凭借低价和便捷的优势，吸引了越来越多的网民。以低价策略著称的京东商城，在这场竞争中积极应对。

2008年，传统连锁零售市场已趋饱和，而成本低廉的网上零售模式开始赢得更多消费者青睐。在实体零售业中，店铺租金往往占据经营成本的30%以上，甚至高达50%。而网上销售则省去了这部分开支，

---

[1] 刘强东接受英国《金融时报》北京分社社长吉密欧（Jamil Anderlini）专访时语。

使得企业有能力向消费者提供更多实惠。实惠增多，网购频率随之提升。

作为B2C电商平台，京东商城的线上零售成本仅为传统渠道的40%左右，在中国电子商务领域的发展势头丝毫不逊于淘宝、当当等资深网站。刘强东凭借这一优势，成功在金融危机中抓住了机遇。低成本、低利润的让利经营模式使得京东商城的销量稳步攀升，随着网购消费者数量的迅速扩张，刘强东迅速占领了网络市场。

金融危机期间，京东商城的购物评价中常常见到"这次网购很成功，物美价廉，比实体商店的价格便宜好多"的反馈。这样的好评提升了京东的声誉和热度，吸引了更多用户，使得销售额持续增长。在这场危机中，刘强东无疑收获了丰厚的回报。

2008年岁末，国内知名市场调研机构艾瑞咨询发布的统计报告显示，当年中国网络购物市场交易额突破了1300亿元大关，相较于2007年实现130%以上的大幅增长，京东商城的卓越贡献显然不可或缺。

危机中奋力前行的京东商城，犹如凤凰涅槃，展现出逆境突围的震撼力量。而当最艰难的时期过后，京东如同其他众多电商企业一样，逐渐成为投资机构争相投资的对象。

回顾历程不难发现，刘强东和京东的崛起，实际上是在两次重大危机中的锤炼：一次是肆虐全国的"非典"疫情，一次是波及全球的次贷危机。面对这两次挑战，京东凭借其出色的业务表现和坚定不移的意志，成功在竞争激烈的市场中崭露头角，赢得了市场的认可和消费者的信赖。

京东化危为机，背后有一个至关重要的前提，那就是在融资环境异常严峻之际，京东依然成功获得了关键投资。正是这些资金的注入，为京东在危机中提供了充足的保障，使其能够逆势而上，实现跨越式的成长。

为控股权和徐新吵架

刘强东的第二轮融资,自金融危机全面爆发前便已启动。

首轮融到的1000万美元资金,在短短一年内基本耗尽。2008年3月,京东面临再次融资的需求。徐新提出全额投资,但刘强东担心她的股份会超过自己,从而导致自己丧失对公司的控制权。他坚持不允许任何投资人的股份超过自己,这一原则导致了他与徐新之间的多次争执。

在一次激烈的讨论中,刘强东提出融资2000万美元,而徐新坚持要全额投资,并援引合同中的优先投资条款。刘强东设定公司估值为6000万美元,但徐新的投资将使她持股超过50%,这将使刘强东感到自己的地位受到威胁。他坚决反对,认为这会剥夺他的安全感,且不利于公司长远发展。这场争执持续到2008年的六七月份,最终徐新同意投资一半,另一半由刘强东寻找投资者。

刘强东之所以敢于与徐新据理力争,是因为此时的他底气十足,充满自信。当时,多家投资公司看好京东商城的前景,刘强东与他们的融资谈判进展顺利,形势似乎一片大好。然而,就在关键时刻,突如其来的国际金融危机如同一道闪电,瞬间打乱了所有部署。

原本,刘强东已经与投资方就融资价格达成了初步共识,但金融危机的爆发让几乎所有的投资机构都陷入紧张。他们开始对投资京东持谨慎态度,纷纷压低投资价格,试图在动荡中保护自己的利益。

起初,刘强东还试图通过沟通和说服来挽回局面,但随着谈判的深入，他逐渐感到心力交瘁。最终，在无法忍受投资方一再压价的情况下，他愤然地表达了自己的想法："不合作了，一点都不讲诚信！"这句话不仅是对投资方的不满，更是对当时困境的无奈发泄。

然而，情绪的发泄并不能解决实际问题，京东的融资需求依然紧迫。与此同时，尽管金融危机对京东的高端商品销售造成冲击，但消费者对低价商品的需求却日益旺盛，订单量随之暴增。面对这一矛盾局面，刘强东喜忧参半：喜的是网站每天的出货订单量远超预期，展现出强大的市场潜力；忧的是出货速度无法跟上订单的增长，给公司的运营带来了巨大压力。

在这样的背景下，融资问题显得愈发紧迫。刘强东深知，唯有尽快解决融资，才能确保京东在激烈的市场竞争中保持领先地位，实现可持续发展。因此，他重新振作精神，再次踏上寻找投资方的艰难旅程。

在那段艰难的日子里，刘强东几乎访遍了国内所有知名乃至默默无闻的投资机构，但遭遇的却是冷眼与回绝。

几乎每位投资人都会直截了当抛出问题：你的公司如何盈利？相比淘宝，你的商业模式有何独特优势？在成本控制上，相较于国美、苏宁，你的优势又在哪里？面对这些犀利的问题，刘强东一时难以给出令人信服的答案，结果往往是被投资人婉言谢绝。

刘强东的助手缪晓虹陪伴他经历了这段艰辛的旅程。他们马不停蹄地奔波于各个投资会议之间，有时一天之内就要会见多达五位投资人。一周之内，他们竟然会见了整整四十二位投资者，如此高强度的沟通让刘强东的嗓子不堪重负，最终变得沙哑。

缪晓虹在巨大的压力下情绪几乎崩溃，她含泪建议刘强东考虑放弃融资，转而缩小公司规模以求生存。但刘强东深知，退缩绝非他的选择，也并非京东的未来。

刘强东的内心承受着巨大的心理压力，他不仅忧虑财富缩水，更为那些与他并肩作战多年的兄弟们感到担忧。像张奇、孙加明这样的老将，自 1998 年创业之初就跟随他，至今在北京尚无房产和车辆，他们把最好的年华都奉献给了京东。如果公司倒闭，他们十年的辛勤付出将付诸东流，未来求职之路亦将坎坷。念及此，刘强东深感愧疚，这种煎熬让他难以言表。短短一个月的时间，他的头发便明显变白，面对可能倒闭的结局，他充满了无奈和迷茫，不知该如何面对这些忠诚的兄弟们。

这段痛苦经历深刻影响了刘强东，让他彻底明白了"现金为王"的道理。后来，刘强东如是说：

> "出于那段时间对缺钱的超级恐惧，之后只要有人给我钱，我都要，一定要有足够多的钱。京东上市的时候账上有 20 亿美元，从来都没用过，就放在那里。我非常注重现金流，即便这样我还拿这么多钱，就是确保不缺钱，确保公司安全。我这一辈子都不能再因为资金问题而导致公司发展出问题，所以我的账上一定要有足够多的钱，闲着就闲着，我宁愿自己的股份被稀释一大截。"[1]

无奈之下，刘强东再度联系了徐新。徐新未提旧事，对此前的争吵避而不谈。2008 年 10 月末，在徐新的引荐下，刘强东首次与雄牛资本的主要合伙人黄灌球会面。徐新与雄牛资本的渊源，可以追溯到她在百富勤投资集团的工作经历，而黄灌球正是从法国巴黎百富勤加盟雄牛资本的关键人物。

当时，雄牛资本作为一个新兴的金融机构，其管理的首个基金"百富勤大中华资本增值基金"由法国巴黎银行授权百富勤命名，首轮募

---

[1] 2014 年 12 月刘强东接受优米网创始人王利芬专访时语。

资就成功筹集了超过 2 亿美元。主要投资方除了巴黎银行外，还包括韩国新韩金融集团。黄灌球先生在担任巴黎百富勤亚洲投行部主管期间，积累了丰富的零售业募资经验，曾参与华联超市、百盛集团等多个项目。徐新高度认可黄灌球的专业能力，尤其认可他对于零售业的深刻洞见。

刘强东与黄灌球的首次会面，氛围融洽，交流深入。黄灌球为刘强东详细分析了当前资本市场的状况，而刘强东和他的团队在面对金融危机时提出的合理的定价方案，为双方的融资谈判奠定了良好基础，使得谈判过程顺利进行。

值得一提的是，在这次谈判中，雄牛资本十分看好京东商城前景，认为其不仅是国内 3C 网络销售的领军品牌，并高度评价其在信息系统、物流配送体系的卓越建设，其销售出身的团队也备受黄灌球称赞。因此，雄牛资本希望增加投资额度，但这一提议被刘强东委婉拒绝。

刘强东并非对资金不感兴趣，而是从第一轮融资中汲取了宝贵的教训，他不愿再陷入"对赌"的协议约束，也不希望公司的大部分股权被外界掌控。此外，今日资本同样不希望自己的股权被过度稀释。经过深思熟虑和协商，最终京东与雄牛资本达成了一致，成功获得了 1200 万美元的投资资金。

梁伯韬主动"送"钱

2008年岁末,徐新召开了LP大会,即有限合伙人大会。在众多项目中,刘强东作为徐新投资的首个项目的创始人兼CEO,受邀专程前往上海,为在场的三四十位LP进行一次演讲。尽管徐新那年的投资项目不多,但LP们的热情却异常高涨。

刘强东站在讲台上,自信沉稳地阐述了京东的发展历程、商业模式以及未来规划。他的演讲简洁有力,赢得了在场人士的阵阵掌声。

演讲结束后,刘强东回到自己的座位上,仍回味现场效果。过了一会儿,一个身影向他走来,正是知名投资人梁伯韬。梁伯韬径直走到刘强东身边,微笑着说:"刘先生,我对京东商城非常感兴趣,想投资100万美元,你愿意接受吗?"

听到这话,刘强东顿时感到一阵惊讶。他没想到在这样的场合,竟然会有人主动提出投资意向,且金额如此可观。他的心中涌起一股喜悦,这无疑是对京东商城的极大认可。然而一丝疑虑也同时浮现。他不禁想,这会不会只是对方为了调节会场气氛而开的一个小小玩笑?

刘强东抬头看向梁伯韬,试图从他的神情中寻找答案。梁伯韬的目光坚定而真诚,毫无戏谑之意。刘强东深吸了一口气,疑虑稍减。他意识到,这确实是一个宝贵的机遇,或许将为京东开辟新的发展路径。

会后晚宴。刘强东被安排在主桌,与梁伯韬相邻而坐。在攀谈中,刘强东才得知,梁伯韬是亚洲知名的投资银行家,曾加盟法国巴黎百富勤证券，后来以香港为基地创办了亚洲投资银行百富勤集团。1997年的亚洲金融危机后，香港百富勤受重创并破产，梁伯韬促成法国巴黎银行收购并重组了百富勤在中国地区的证券业务。2006年，他进入私人投资领域，很快便出任全球五大私募基金之一——CVC公司的高级顾问。他被誉为"红筹之父"，在资本市场上具有极高的声望和影响力。

在台下聆听完刘强东的演讲后，梁伯韬深感刘强东身上洋溢着激情与自信。通过刘强东分享赚取第一桶金以及从线下成功转型线上的经历，梁伯韬看出刘强东不仅深谙零售，更深刻理解着互联网。他高度认同刘强东的战略见解，即中国零售行业效率低下，中间环节多重盘剥利润。如果能够颠覆这些中间环节，将节省下来的成本回馈用户与社会，那将是一种极具前景的商业模式。

一起用餐的时候，梁伯韬又提出了一系列问题，刘强东都从容作答。梁伯韬当下已萌生出投资意愿，但素来谨慎的他还是决定先对京东进行尽职调查。梁伯韬找的人是雄牛资本的李绪富。李绪富曾是他在百富勤时的徒弟，而徐新也曾是梁伯韬在百富勤的下属。在与刘强东会面并深入交流后，李绪富迅速通过短信告知常斌决定投资京东。当时，京东提出了21天内到账的要求，因为临近年底，刘强东需要偿还今日资本的贷款。

梁伯韬相信李绪富的投资判断，同时也看好电商行业，更看好刘强东本人。他认为，在初创公司中，人的因素比业务模型更为关键，因为初创时期的业务模型往往难以准确预测。许多投资人过于关注公司是否盈利，而忽视了现金流的重要性。事实上，现金流才是决定公司生存与否的关键因素：正向现金流维系生存，负向现金流则难以为继。亏损固然如同失血，但只要能够产生现金流来补血，公司依然可以生存下去。京东大面上亏损，但一直在产生现金流，是非常值得投资的目标企业。

最终，梁伯韬以天使投资人身份个人向京东投资了100万美元。至此，京东商城的第二轮融资总额上升至2100万美元。

梁伯韬"送"来的钱虽然不算多，但意义非凡。刘强东曾多次强调，融资不仅仅是拿钱，更是寻找志同道合的合作伙伴。资本是企业发展的助推器，但投资人认同企业愿景和信任创始团队更为关键。具体谈及与梁伯韬的合作，刘强东说道：

"梁伯韬先生不仅给了我们资金，更重要的是给了我们信心。在金融危机最困难的时候，他的支持让我们看到了希望。他的投资不仅仅是财务上的支持，更是战略上的信任。这种信任比金钱更重要。"[1]

事实上，梁伯韬对京东和刘强东的帮助远不止于资金支持，还包括资本市场经验分享。他在投资京东后，为刘强东提供了许多关于资本市场运作和战略规划的建议。比如，帮助京东优化了财务结构，使其更加符合国际资本市场的标准；建议京东在扩张过程中注重盈利能力的提升，而不仅仅是规模的扩大；还帮助京东制定了清晰的上市计划，为其后续的IPO奠定了基础。梁伯韬多次公开表示对京东和刘强东的支持，为京东在资本市场上赢得了更多的信任。他利用自身资源，帮助京东与国际投资机构和战略合作伙伴建立了长期合作关系。这些支持对于刘强东来说，都是宝贵的财富。

在签约环节，还有一个很有意思的小插曲。身为江苏宿迁人的刘强东，深受当地文化习俗的影响，对数字"21"抱有一种难以言说的忌讳。然而，商业协议具有严肃性，合同已经签订，金额既定，他必须找到

---

[1] 这段话出自刘强东在2011年京东内部年会演讲。

一种既不违背合同又能满足自己心理需求的方式。

经过一番苦思冥想,刘强东巧妙地想出了一个折中办法。他礼貌地请求投资方在最终的合同金额中增加 8 美元,这样总金额就变成了 21000008 美元。这个小小的调整,既不会对双方的权益产生任何实质影响,却能让刘强东心理上获得慰藉。

听到这个请求后,徐新女士展现出了她的大气与慷慨。她毫不犹豫地站出来,大声表示:"好,这 8 美元我来出!"这 8 美元并不影响相应的股份分配,他们对外公布的融资总额仍然是 2100 万美元。

就这样,2009 年 1 月,刘强东如期完成融资,让京东成功渡过了金融危机。手握重金的刘强东,立即开始着手实施他早已规划好的宏伟蓝图——在全国范围内建设属于自己的物流仓储体系。他深知,高效的物流体系是电商的核心竞争力,只有构建完善的自有物流,才能为消费者提供更优质的服务,从而在激烈的市场竞争中占据有利地位。

于是,刘强东开始了大规模的物流仓储建设。他投入的资金如同流水般投入土地购置、建设仓库、购置设备、招聘人员……每一个环节他都倾力投入。然而,正是这种大规模、高投入的建设方式,使得京东第二轮的融资很快便消耗殆尽。

面对资金的压力,此时的刘强东,并没有感到慌张。他确信,京东商城已经度过了最艰难的时期,开始步入正轨,识货的投资者定会看好京东,接下来的融资不会像此前那般艰难了。

让老虎基金"多涨点价"

种下梧桐树，引得凤凰来。刘强东的预测没有错。随着京东声名鹊起，投资机构纷纷找上门来了。这其中就有大名鼎鼎的老虎基金。

老虎基金是一家全球知名的投资机构，专注于互联网和高成长性企业的投资。其中国区负责人陈小红对中国的电商市场非常关注，尤其是京东的"自营+物流"模式引起了她的兴趣。陈小红认为，京东的模式具有强大的竞争壁垒，有望助力京东在中国电商市场中占据领导地位。

2010年春节，宿迁的天空飘着雪花，刘强东带着缪晓虹、陈生强两个人准备去宿迁查看呼叫中心。宿迁呼叫中心不知道发生了什么事，由于光缆故障未解决，刘强东就先带着陈生强、缪晓虹到当地找地方政府给解决问题。他们正在宿迁市的一个小宾馆里稍作休息的时候，一个意想不到的电话带来了重大转机。

电话那头传来的是老虎基金中国区总经理陈小红的声音。陈小红在电子商务投资领域早已声名显赫，她的来电让刘强东内心感到既惊喜又激动。然而，尽管内心波涛汹涌，刘强东在电话中却表现得异常沉稳，未流露出丝毫激动。

陈小红向来以直爽著称，她没有绕弯子，开门见山地表达了老虎基金想要投资京东的意愿，并给出了初步估值。当时，老虎基金正计划拿出5亿美元用于投资中国电商企业，而京东则是他们首选的投资目标。然而，面对陈小红开出的价格，刘强东在短暂的沉默后坚定地表示："这个价格太低了。"

陈小红对刘强东的这种回应并不感到意外。她深知刘强东作为务实的企业家，绝不会轻易接受任何有损公司利益的条件。她随即询问刘强东预估的价格。刘强东毫不犹豫地回答："再涨30%吧。"

出乎刘强东意料的是，陈小红竟然如此爽快地答应了："好，就这么定了！"对方未做任何还价便立刻一口答应。这时，他意识到自己报价可能偏低，老虎基金的预期显然比这个数字要高。但是话一出口，覆水难收，刘强东没有继续讨价还价，只是默默把这次谈判当作一次成长机会。

最终，老虎基金与京东达成了新的合作协议，买下了京东价值2.5亿美元的新股及部分老股。这次投资不仅占据了老虎基金规划投资额的一半，为京东提供了强劲的资金后盾，对京东团队而言，也无疑是一个巨大的鼓舞，为后续高速的发展铺平了道路。

更令刘强东意外的是，在他与陈小红通过电话达成初步投资意向之后，京东突然成了投资界的"香饽饽"。多家颇具实力的投资公司纷纷闻讯而来，争相表达投资意愿。

某天，刘强东接到了美国的一个越洋电话，一家基金公司表示看好京东前景。刘强东并不清楚是谁推荐的，只知道有人告诉他们中国有一家公司极具潜力，未来有望超越当当、亚马逊中国等电商巨头。这家基金公司向刘强东索要了一份数据，他随即提供给了他们。

当时，刘强东已经与陈小红达成了口头意向，但尚未签署正式投资协议。他正忙于在宿迁处理呼叫中心的事务。得知刘强东在宿迁，这家基金公司显得非常急切，尽管刘强东建议回北京后再谈，他们还是决定连夜行动。三人团队，包括一名老外和两名中国人，从美国飞到上海，再租车冒着大雪在凌晨四点抵达宿迁。他们的决心和努力让刘强东印象深刻。

在宿迁，对方告诉刘强东已经掌握了所需资料，并且内部基本通过了投资决定。得知刘强东尚未与老虎基金签约后，他们略显惊讶。早餐时，他们甚至拿出了一份投资协议，估值高达三到四亿美元，远超陈小红的报价。

面对这突如其来的"争夺战"，刘强东自然欣喜于京东的市场价值被认可。然而，与此同时，他也感到一丝后悔，因为那些后来者的报价确实颇具诱惑力。同行的缪晓虹和陈生强也心动了，毕竟老虎基金那边只是口头承诺，没签合同都不算数的。此时签约并无法律风险。

无奈，刘强东终究是个重信用、守承诺的人。他深知，在商业世界里，信誉比金钱更为宝贵。既然已经与老虎基金的陈小红达成了口头协议，他就绝不会因为其他投资者高出20%的投资额而背弃对方。最终，刘强东拒绝了他们。

随后，刘强东给陈小红通了电话，确认了2.5亿美元的估值，承诺返京后立即签约，不会有任何变数。刘强东坚守了自己的承诺，一回北京就与陈小红完成了合同的签署，估值依然是2.5亿美元，没有涨价。老虎基金对刘强东的诚信和决断力表示非常满意。

后来，老虎基金又以7亿美元的估值进一步购入了京东的股份。在多项关键决策上，他们给予了刘强东鼎力支持与充分信任，这也算是对刘强东信守承诺的一种积极回馈。

重信用、守承诺，是刘强东赢得资本圈广泛信任的关键。他本人在多个场合提到讲信用的重要性：

"我一直认为，信用是企业的生命线。无论是面对投资人、合作伙伴还是消费者，承诺的事情一定要做到。京东能够走到今天，离不开投资人的信任，而这份信任的基石就是信用。我们从不轻易承诺，但一旦承诺了，就一定要兑现。"[1]

当时，一些机构认为，今日资本作为京东早期投资人，已经拿到可观的收益，可以通过回购股份或其他方式让其退出。有人还提出，可以通过向刘强东个人发放股票的方式，使其获得更多的利益。

面对这些诱惑，刘强东表现出了极高的诚信和责任感。他明确表示，今日资本在京东最困难的时期施以援手，自己要知恩图报，不能因为眼前的利益而背弃曾经的合作伙伴。同时他还强调，他与今日资本签署的合同具有法律效力，必须严格遵守，这是他对投资人的基本承诺。刘强东的这些态度和原则，虽然没有直接对今日资本说过，但通过资本市场的关系网最终传到了今日资本耳中。

今日资本因此确信，他们选择的投资对象值得托付。徐新曾向缪晓虹表达过希望获得10倍投资回报的预期。缪晓虹将这话转告给刘强东，而刘强东则回应，不，我要让她赚至少100倍。后来京东成功上市，今日资本获得的回报超过了150倍。刘强东每一次的承诺，都得到了兑现。

---

[1] 出自2014年《中国企业家》杂志专访《刘强东：信用是企业的生命线》。

高瓴资本和 DST 来背书

继老虎基金之后,高瓴资本也向刘强东抛出了合作意向。2009年底,张磊与刘强东在一次论坛上相遇,张磊作为听众,而刘强东则是演讲者。两人同为人大校友,张磊主动询问他是否有融资需求。刘强东坦言肯定需要资金支持,但不倾向与风险投资人打交道,因为感觉多数人难以真正理解他的理念。张磊与刘强东在高瓴办公室深入交流后,便决定投资京东。与其他互联网创业者不同,刘强东在融资时直言不讳,他明确告知张磊,京东采用重资产模式,唯有如此才能保障优质的用户体验。正是这种坦诚,深深打动了张磊。

张磊的投资理念独树一帜,他坚持要求必须有创始人控制条款,认为如果创始人不能主导公司,他绝不会投资。他通过研究众多企业成功案例得出结论:创始人控制公司未必成功,但创始人失去控制权的公司注定无法成功。他还担忧所谓的"邻居风险",即少量持股的小股东易受诱惑而急于套现。

当张磊询问刘强东需要多少融资时,刘强东给出的范围是5000万至7500万美元。然而,张磊却表示,他要么不投,要么就投3亿美元。刘强东拒绝了这一提议,因为3亿美元的投资将使张磊成为京东的最大股东。经过协商,双方最终达成一致:高瓴注资2.65亿美元,刘强东保留董事会主导权,并实行超级投票权。

双方的合作迅速落地。2010年4月,高瓴资本以10亿美元的估值向京东投资了 2.65 亿美元，这成为当年中国互联网领域最大的一笔投资。随后，高瓴资本又追加了 5000 万美元的投资。

然而，更惊人的投资还在后面。高瓴资本的投入相较 DST（总部位于俄罗斯莫斯科的投资集团）相形见绌。

刘强东和 DST 的老板尤里·米尔纳（Yuri Milner）十分投缘。在国际金融危机期间，DST 凭借大胆投资 Facebook 而声名鹊起，一举成为投资界的传奇。2011 年，独具慧眼的尤里·米尔纳，将 DST 的总部从莫斯科迁至香港，正式进军中国市场。他在 2011 年第一次见到刘强东时，就放下豪言：愿投京东 15 亿美元。刘强东当时感到惊讶，甚至怀疑对方身份。

尤里·米尔纳向刘强东阐述了他的投资理念，他强调他所投资的企业在五年内都不能上市，而且上市越晚，他越愿意投资。他的意思是，他愿意以高于当前市场上市估值的价格进行投资，因为他认为小额投资无法使公司壮大，无法成为超级大公司。他解释说，很多优秀企业无法做大的原因在于投资者过于压低价格，例如，以 2000 万美元的投资占据公司百分之三四十的股份。这种情况下，创始人因为股份被稀释而不愿意进一步融资，导致公司无法进行长远规划和上市。

尤里·米尔纳表示，如果刘强东的公司当时上市，可能只值 10 亿美元，但他愿意给出 30 亿美元的估值，并再投资 10 亿美元，帮助公司达到 300 亿美元的估值。他询问刘强东是否满意这样的计划，刘强东当然非常高兴。

他们的初次见面是在北京，刘强东刚搬到北辰世纪中心。他们在办公室进行了一下午的深入交流，尤里·米尔纳用英文讲解他的投资理念，而刘强东则在纸上画了一个倒三角形来解释他的业务模式和成功的关键。刘强东强调，他计划将行业成本降低一半，并通过大幅降低后端成本来保持前端价格的竞争力。尤里·米尔纳非常聪明，将刘强东所画的倒三角形及其内容详细记录，竟然记了十几页纸。

第一次会谈后,刘强东对尤里·米尔纳的话半信半疑,还上网搜索了对方的资料。大约一周后,尤里·米尔纳再次来访,他对第一次的谈话内容进行了深入研究,并补充了许多问题。因为语言沟通上存在一些障碍,在第二次谈话中,他们发现初次翻译中有不少错误,刘强东进一步纠正了关键点。纠正后,尤里·米尔纳再次做了记录。

最终,DST向刘强东报价20亿美元,刘强东没有讨价还价,一口应了下来。DST成为京东上市前投资额最大的股东,总共进行了两轮投资。他们不仅投资了新股,还购买了大量的老股,甚至收购了徐新的股票,只要有人愿意出售,DST都会接受。

刘强东与尤里·米尔纳之间还有许多故事。尤里曾问他,如果资金到位,他希望将公司做到多大?刘强东回答希望达到一千亿美元。尤里表示这正是他想要投资的企业类型,他只愿意投资估值低于百亿美元的企业。尤里是一个有投资理想的人,他希望所投资的企业都能达到千亿美元的市值,成为真正能够影响甚至改变人类社会的企业。

有一次,刘强东正在西北巡站,刚到达乌鲁木齐时,接到尤里电话,他表示有急事一定要当面谈,邮件和电话都不行。刘强东表示自己在乌鲁木齐,尤里当即决定飞过去找他,哪怕要多倒几次飞机。

两人在乌鲁木齐碰头后,当时刘强东恰好急着去配送站,就先安置好尤里,提议晚上两人再详谈。当天晚上,刘强东请乌鲁木齐两个配送站的20多个员工喝酒,也邀请尤里参加。尤里曾对妻子承诺五年内不喝酒,他就在旁边看着刘强东与员工们畅饮。

一晚上,刘强东喝了两斤多白酒,喝得脸色苍白,甚至失忆,但关键的话他还记得。酒席间,尤里表示也想投资阿里巴巴,但不会像投资京东那么多,如果刘强东不高兴,他就不投。刘强东告诉尤里,作为投资人,他不能只依赖京东一家,尤里可以投资任何他看好的企业。

乌鲁木齐之行后,尤里投资了阿里巴巴5亿美元,并在一两年后再次跟投京东。这次乌鲁木齐会晤,刘强东虽然没招待好尤里,可尤里却更加看好刘强东这个人，他觉得能去偏远地区，花五个小时与员工交流、喝酒的创业者肯定错不了，他认为企业成功的关键就在于创始人不脱离普通员工。

张磊与尤里·米尔纳在投资界都是响当当的人物，他们的巨额投资不仅为京东带来了强大的资金支持，更为京东盖上了一枚重量级的信誉印章。有了这两位大佬的背书，刘强东在后续的征程中，终于可以摆脱资金的困扰，专心致志地引领京东大步向前走。

为什么京东能取得投资人的信任？刘强东如是说：

> "所有投资人进来，我永远说得很清楚，主要就是两件事：第一，我保证对所有股东、所有投资人绝对信息透明，这家公司所有事情没有什么是不能知道的。哪个员工被抓了，贪了多少钱，怎么贪的；哪辆车加油费多了，哪个司机偷油；哪个配送站经常给家里打电话，还打国际长途，电话费超标了；最后这些事怎么解决的，谁是负责人，该怎么处分……这些资料都会给投资人。一般来讲，企业给投资人的信息往往就是三张报表，算是基本的义务，但是我们每次开月度经营会，我都会把所有资料发给投资人，并且允许被带走。第二，所有投资人都只能看财务投资，除了经济上的回报，其他所有的权利都不能有。"[1]

尤里的资本注入后，刘强东在京东的个人控制力非但没有削弱，反而有所加强。此前，京东董事会由9名董事组成，其中刘强东掌控5席，今日资本、雄牛资本、老虎基金及高瓴资本各占1席。尤里投资后，

---

[1] 出自刘强东在2017年接受《财经》杂志的专访《刘强东：信任是资本合作的基石》。

没有要求席位。刘强东顺势提议对董事会结构进行改革,将董事席位从9个缩减至7个,并要求自己占据4席,其余3席分配给投资方。这一改革的目的是在京东达到成熟期之前,确保刘强东能够保持绝对的控制权。他设定的京东成熟期为5年,并以每年20%~30%的稳定增长作为成熟的标准。投资方更看重利益,这一提议顺利通过。

第七章

不计利润抢市场

　　刘强东手握雄厚的资本,为迅速扩大规模,掀起了一场又一场的价格战,也因此被业界冠以"价格屠夫"的称号。他强势进军图书领域,直接挑战了当当网的行业地位;他磨刀霍霍踏入百货市场,又搅动了原本平静的电商格局。刘强东的"碰瓷式"扩张策略,使京东在短时间内沦为众矢之的。无论是苏宁、国美这样的传统零售巨头,还是淘宝这样的电商霸主,甚至是当当网,都纷纷对京东展开了围攻堵截。

"12·14图书大战"

2010年初,刘强东面对媒体公开表示,京东在未来五年内不会涉足在线图书销售。这番言论与他过去的诸多豪言一样,迅速吸引了外界的目光。然而,没过多久,刘强东和他的团队便开始秘密筹划进入图书市场的行动。

同年11月1日,趁着其他电商企业尚未察觉,京东商城的图书频道悄然上线。京东以一种"光脚的不怕穿鞋的"无所畏惧的态度,直接向当时中国在线图书销售的领头羊当当和卓越发起了冲击。

商场角逐如战场,释放烟雾弹来迷惑敌方,实属常见的作战策略。刘强东曾说过:"最好的防守就是进攻!"

虽然刘强东的京东在3C和家电领域已经大获成功,但刘强东的雄心远不止于此。2010年,京东商城推出百货类目后,销售势头增长,但这仅仅是他宏大蓝图的一部分。他真正瞄准的目标是将京东打造为中国头号电商平台,打造成中国的亚马逊。

刘强东决定进军图书市场,主要是基于四个核心考量。第一个原因是图书市场规模可观,尚处于蓝海阶段。国内线上图书销售总额约100亿元。然而,当时当当网的图书销售额仅在15亿至20亿元区间,卓越网也只有10亿元左右。其他在线图书销售方,如99网上书城、中国图书网、博库、文轩及各出版社自营网站,合计总占份额很小,对整个市场格局影响微弱。因此,刘强东看中了剩余的那七成市场空间。

在线售书并非易事,但京东凭借其物流体系和技术能力,能够优化成本,提升用户体验,从而在竞争中赢得优势。

第二个原因是为 3C 产品导流,争夺高价值用户。刘强东清楚,卖书初期难以盈利,但它能吸引更多消费者,为 3C 产品开辟更广阔的空间。那时智能手机尚未普及,人们的注意力未被短视频和直播占据,阅读氛围良好。一旦图书消费者被京东吸引,他们很可能也会关注京东的 3C、百货等类目,从而拉动其他产品的销售。这种争夺现有成熟用户的方式,比纯粹开拓新客更为高效且成本更低。因此,刘强东选择直接争夺当当和卓越悉心培育多年的客户群。这些习惯网上购书的用户,通常教育水平较高,分布广泛,在对京东熟悉和认可之后,他们极有可能购买京东的家电、百货等其他产品。

第三个原因是顺应潮流,效仿全球电商巨头的路径。刘强东通过对全球电商发展脉络进行深入研究,他发现,无论是美国的亚马逊、韩国的 Interpark[1],还是中国台湾的 PChome 24h 购物[2],这些 B2C 领域的佼佼者都将图书作为其核心类目之一。图书作为 B2C 的起点类目,不仅非常适合线上销售,更是网络零售的标志性品类。尤其是美国亚马逊,正是以在线书店的身份起家的。亚马逊最初名为 Cadabra,后来改名为 Amazon,目标是成为世界上最大的书店。亚马逊通过提供快速检索和广泛的选择,迅速聚拢大量用户,以此基础上才逐渐拓宽业务范围,最终成为全球最大的电子商务平台之一。刘强东立志将京

---

[1] Interpark 是韩国的一家大型综合网络购物商城,创立于 1996 年 6 月,是韩国首家引入商品搜索、下单购买和物流配送的电商系统平台。

[2] PChome,即"网络家庭国际资讯股份有限公司"(PChome Online Inc.),成立于 1998 年 7 月,是台湾地区居龙头地位的网络服务公司,提供综合性的网络服务。旗下拥有台湾最大 B2C 网站 PChome 24h 购物、C2C 第一名网站露天拍卖、B2B2C 网站 PChome 商店街,以及 PChome Thai 海外电商平台。

东打造成为中国版的亚马逊，自然不会遗漏图书市场。

　　第四个原因是对抗卓越和当当等竞争对手。在京东发展壮大的同时，卓越和当当等原本专注于图书销售的电商也开始涉足3C产品和日用百货。为了迅速抢占市场，它们不惜以微利甚至亏损的价格销售这些商品。2010年，卓越网和当当网的3C产品毛利率均接近负1%，百货产品的毛利也低于15%。到了年底，卓越网的3C产品销售额已超越图书，跃居第一大品类，销售额达9亿元；而当当网的百货销售额同样显著增长。面对这种局面，刘强东决定以其人之道还治其人之身——敌人攻击京东的核心阵地，京东就挥师直捣对方的大本营。

　　决定进入图书市场后，京东展现了惊人的扩张速度，仅用三个月时间就成功上线了图书业务。刘强东是行动力极强的决策者，为求快速扩张，他从卓越网引入副总裁石涛，任命他为京东图书音像副总裁。石涛的加入，不仅为京东带来了他在图书音像在线销售领域的丰富经验，还带来了一支由图书营销人才组成的团队。这些人曾与石涛在卓越网配合默契，他们不愿看到曾经默契的团队分崩离析，因此纷纷跟随石涛加入京东，成为京东图书团队的中坚力量。除了人才的争夺，京东还成功地从卓越和当当手中争取到多家重要出版社。2010年7月1日，经过多次磋商，京东商城与作家出版社敲定了首份采购协议。

　　2010年11月1日，京东商城的图书频道正式上线，正式向在线图书业霸主当当和卓越发起了正面挑战。在京东商城的首页上，新开通的图书频道被置于全部商品分类的第一位，显示出京东对图书业务的高度重视和决心。

　　宣战之后，刘强东再次祭出低价竞争利器，京东商城在价格方面下足了功夫。在三家平台中，只有京东承诺全场免运费，而当当和卓越则仅提供不同程度的优惠措施。以六本样书为例，京东的售价在四本上低于当当和卓越，当当网仅有售价最低的一本，另一本则三家网站价格相同。或许是京东的绝对低价策略掩盖了其他方面的不足，不到一个月，京东图书频道的订单总数就突破了一万单。随后，京东在图书领域又连续发起多轮价格战，成功吸引了用户。

2010年12月8日，当当网联合总裁李国庆、俞渝夫妇在纽约证券交易所敲钟，宣布当当网成功上市，筹得2.72亿美元。当天，刘强东使出了关键一招：京东图书频道推出"满100元返15元京东券、满200元返30元京东券"的促销活动，这一举措被媒体视作京东对当当上市的回应。两天后，刘强东在微博公开宣布：从12月14日开始，京东商城的每本书都比竞争对手便宜20%。

面对京东的猛烈攻势，当当网自然不会无动于衷。12月13日，李国庆在微博上正式回应，强调当当网拥有60多万种图书，远超京东的10余万种，并且80%的顾客能够享受到"次日达"的物流服务，其余20%也能在第三天收到货物。

然而，刘强东并未就此收手。12月14日下午，他再次在微博上宣布，京东已经履行承诺，在京东价基础上再给会员打8折。他鼓励网友们监督，如果发现任何一本书的会员价未便宜20%以上，可立即举报，京东将在24小时内进一步降价，确保折扣20%以上，甚至不惜降至零元。刘强东将这场行动称为"12·14图书大战"。

当时，有网友觉得刘强东这么做是在给当当网施压，是对当当网上市的不服气。刘强东却解释说：

> "竞争会让双方都变得更强！就是因为有竞争，我们才持续扩充商品品类，24小时不间断地建设广州、成都和武汉的图书仓库以提升配送速度；也正因为竞争，我们才愿意维持20%的价格优惠。要是没有竞争，我们不会主动做这些事的！"

"12·14图书大战"让京东赢得了广泛关注。在折后再打八折促销的当天中午，京东图书频道就迎来了喜人成果。刘强东难掩兴奋，他一收到同事发来的销售汇报邮件，就马上对外宣称："截至今天中午 12 点，我们的图书销售额已经突破 100 万元，今天有希望突破 240 万元！"

第二天，当当网公开宣布，接下来将推出力度空前的降价促销，而且活动范围不仅限于图书，数码 3C、美妆、母婴用品等多个领域都包含在内，预计投入的资金高达 4000 万元。见此情形，京东也不肯示弱。就在李国庆宣布当当促销计划的当天下午，刘强东也发布通告，称京东将投入 8000 万元对图书、3C、日用百货等 11 大类商品开展年底大促销。

图书大战基本达到了刘强东的预期，不仅为京东商城网站赚取流量，吸引更多用户，带动传统品类销售额的增长，更通过与李国庆在微博上展开隔空交锋，让京东大火了一把，省了几百万、上千万乃至上亿元的广告费。

在图书市场取得阶段性成果后，刘强东并未止步。2010 年 12 月 29 日，刘强东对电商同行喊话："明年（2011 年）是中国电子商务全面竞争元年，会很惨烈！"

正面应对联合"围剿"

刘强东的战略意图略显后,京东立即成为行业公敌。在他高调喊话刚落,一轮接一轮的围剿便接踵而至。

刘强东曾多次强调,物流是京东核心优势。2011年伊始,电商巨头们就用实际行动告诉他:你可以做物流,我们也可以,而且比京东做得更好。

同年1月19日,阿里巴巴宣布将投资200亿至300亿元人民币,建设7个占地面积均超过百万平方米的仓储网络体系,即"阿里大仓",覆盖东北、华北、华东、华南、华中、西南和西北七大区域。此外,二期计划将与合作伙伴共同投入1000亿元人民币,持续升级物流体系。马云的物流计划无论是在投资规模还是建设规模上,均远超刘强东的设想。仅马云建设的一个大仓的面积,就抵得上刘强东规划的全部物流仓储总和的面积。

当当网紧随其后,宣布成立其控股的配送服务子公司,旨在构建独立物流体系,为电商企业提供商品储存、分拣、包装以及覆盖全国1200多个城市的货到付款(COD)服务。

几乎同一时间,亚马逊中国也宣布计划,到2012年前将仓储面积从原有的40多万平方米扩大至80万平方米,旨在使亚马逊中国成为亚马逊在美国之外最大的物流运营网络。

2011年2月23日,张近东提出要打造互联网的"苏宁速度",

苏宁易购从苏宁电器平台中分拆独立运营。苏宁易购确立了宏伟目标：到2011年底，注册会员数突破1000万，年销售额实现四倍增长，达到80亿元。支撑张近东这一电商雄心的，是苏宁强大的物流基础。苏宁计划建设包括15个物流基地在内的"3515"计划，预计每个区域物流基地的投资在2亿至3亿元之间，整体投资将超过120亿元，折合约20亿美元，这一投资规模远超刘强东后续融资的15亿美元。

除了在刘强东赖以自豪的物流领域与京东展开角逐外，这些电商企业还联手采用"价格战"策略，对抗被视为"公敌"的京东。

这场"价格战"最初由李国庆领导的当当网在年初发起。3月14日，李国庆宣布，当当网将在3月15日和16日两天举行一场大规模的图书返利促销活动，旨在回击京东，挽回局面。

作为回应，京东商城在3月15日0点至3月16日24点期间，推出了图书、音乐、影视、教育音像全场满100元返50元东券，满200元返100元东券的优惠活动，订单完成并领取东券的截止时间为3月31日。

进入5月，苏宁易购、库巴网、国美电器网上商城等纷纷加入价格战，在3C、家电领域对京东发起猛烈价格攻势。得到这些盟友支持，李国庆士气高涨。在"2011年第六届中国互联网站长年会"上，他曾自信地表示："如果刘强东没有30亿美元，肯定无法与当当抗衡。若刘强东能拿出30亿美元，我愿意将当当网卖给京东商城。"

面对围剿，刘强东没有怯场。5月23日，京东商城重燃战火，以四折的优惠销售少儿图书。当当网迅速作出反应，推出3万种图书三九折封顶以及精美童书一九折起的反制措施。刘强东随即提出新策，表示京东将拿出销售额的3%直接补贴给作者，并缩短对出版社的账期，以此回应对手李国庆的挑战。

让刘强东始料不及的是，半路上又杀出了个"程咬金"。6月14日，中国出版协会、中国书刊发行业协会、中国新华书店协会与此前曾联合抵制京东商城的24家少儿出版社再次达成一致，决定联合抵制京东商城等网上书店，并停止向其供货。

面对封杀，刘强东并未退缩。他对图书团队下达严厉指令，让他们详细记录下这些出版社的名称，并宣布今后这些出版社的图书在京东将一律以四折销售。刘强东的强硬态度，让外界纷纷感叹他的彪悍风格。后来经调查证实，所谓"24家出版社封杀京东"的说法其实是媒体炒作的结果。这些出版社并非专门针对京东，而是出于生存危机，不得已对电商"亮剑"而已。他们选中京东，只不过是因为京东过于显眼。

2011年6月18日，刘强东满怀期待，计划在京东六周年庆典当天推出回馈客户的促销活动。他没想到的是，一群老大哥竟联手在他的主场发起了挑战。

618当天，京东推出了感恩用户的大型活动，出售大量超低价格商品，如iPhone4售价2999元、42英寸3D电视仅1888元、按摩椅999元、豆浆机99元等。

国美旗下的库巴网推出了为期三天的"72小时癫狂派对"，对旗下十大类数百款产品进行了大幅降价促销。随后，新七天电器网也提出了"电器裸价，敢比三家"的口号，并从7月1日至8月1日展开了"裸价"促销活动。

老对手当当网更是不甘示弱，推出了"轰响年中庆，愤怒第1炮"促销活动，不仅全场商品以超低价格出售，还提供了百货满150元返50元、电脑和数码类满500元返50元的额外优惠。

亚马逊中国这次也没有做旁观者，而是开展了大规模的"六月杀价王"活动，承诺其手机、家电、家居、电脑和数码五大主力商品为"全网抄底价"。

苏宁易购则推出了"击穿底价，血拼6月"的促销活动，并承诺对所售电器商品提供终身免费保养，这一服务甚至超越了苏宁实体门店的标准。

各大电商的联合促销活动都集中在家用电器领域,这正是京东商城的主营业务,也是对整体销售额贡献最大的部分。

然而,面对竞争对手的联手攻击,京东商城的销量并未下滑。6月18日当天,京东商城的订单量接近50万单,单日销售额超过2亿元,在中国电子商务市场创下了单日销售量的历史新高。

"618"大战没能击倒京东,各大电商并没有因此收手。很快,为争夺国庆"黄金周"的市场份额,刘强东与李国庆再次展开了激烈的竞争。京东商城率先发起名为"沙漠风暴来袭"的促销攻势,宣称全场商品"0利润,全网底价",并承诺"让利10亿元,创造国内家电行业销售史上的最高纪录",活动将持续至10月31日。

京东的促销策略一经公布,李国庆立即作出回应,当当网推出了针对性的"斩首行动",其促销商品直接瞄准了京东商城。据一份当当网与供应商的谈判材料显示,当当网此次议价的重点商品与京东商城3C家电销售排行榜上的前50位畅销品密切相关。刘强东将战火引至李国庆的领域,而李国庆也决心将战火蔓延至刘强东的地盘。

与此同时,苏宁易购、国美电器网上商城、库巴网再次加入进来。苏宁易购推出了"国庆零利风暴"活动,宣称秒杀活动从节前就开始,"早抢早惠早出游"。库巴网则表示:"零利润是浮云,奉陪到底。"邀请消费者见证低价奇迹。亚马逊中国推出了"'十一'狂欢,全天不停"的促销活动,从9月13日持续至10月9日,亚马逊中国全场大家电、电视音响、厨卫电器联合促销,誓言"底价抢购,击穿价格底线"。

尽管一次又一次成为众矢之的,但刘强东的战斗力并没有削弱,围攻似乎更加激发了他的战斗意志。2011年11月7日,在京东第四届供应商大会上,刘强东重新定义了京东的定位。他不再将京东归类为网络公司,而是强调京东是一家零售商。京东未来将围绕仓储、配送系统、信息系统、售后服务、平台卖家支援、经营数据这六大发展核心,从采销、运营、信息三个途径入手,备战最新的企业发展战略。

换句话,在多次被"围剿"的斗争中,刘强东给京东找到了新的发展方向。

回首这一年遭遇的暴击,刘强东在年底借着缅怀乔布斯的机会,由衷感慨道:

> "改变世界,要先改变自己,在创业过程中,我的最大感受就是……(如果)试图走向成功的话,必须接受争议,必须坚持自己的信念,千万不能每次有争议的时候不敢做了,更不要受外边的因素而改变。"[1]

---

[1] 2011年12月25日刘强东在"创业家年会"上发表演讲时语。

直击"老大"要害部位

亚马逊作为全球最大的在线零售商,一直是刘强东学习的对象。然而,京东想要实现成为中国版的亚马逊这个雄心勃勃的目标,第一关就是超越淘宝这个电商老大。

据艾瑞咨询数据显示,2010年,京东商城在自主经营式B2C网站中市场占有率接近40%,远超第二名至第十名的总和。然而,因为京东在平台式B2C的电商中仅排名第二,市场份额约18%,而淘宝商城(现天猫)则以过半的市场份额稳居第一。刘强东当然不满足于"老二"的地位。在互联网行业,第一品牌才是王道,第二品牌随时有被市场淘汰的风险。京东和淘宝不可避免地要一战高下。

2010年12月23日,刘强东在北京召开新闻发布会,正式宣布京东商城平台对外开放。刘强东在发布会上宣布,京东开放平台将通过"品牌直销"频道为入口,允许第三方商户入驻。这些商户可以使用京东的物流、信息和支付体系,包括仓储、配送、客服、售后、货到付款、退换货等等。发布会当天,近200家品牌厂商和供应商与京东商城签署了总额超过200亿元的采购协议。这些品牌包括神州数码、诺基亚、宏碁、中国惠普、三星电子等3C数码品牌,以及上海李宁、广州宝洁、苏泊尔等日用百货类品牌。

刘强东还在发布会上透露,包括沃尔玛在内的六家投资公司对京东进行联合投资,金额"远超5亿美元",这一数字甚至超过了当当网和麦考林这两家在美上市 B2C 电子商务公司的融资总额。厂商和资本的双重认可，彰显了京东的实力，也意味着继以"8848"为代表的第一代电子商务公司和以淘宝网为代表的第二代电子商务公司之后，以京东商城为代表的第三代电子商务公司已经站稳了脚跟。

刘强东在发布会当晚，一脸自信地说：

"地球村只需要一间商店（One world, one shop），京东要做沃尔玛，打造全球性的电子商务平台。"[1]

随后，京东完成高达 15 亿美元的 C 轮融资，野心勃勃且底气十足的刘强东开始对淘宝发起进攻，其矛头最先对准的就是阿里的要害部位——支付宝。马云对淘宝的期待是成为像"水、电、煤气"一样人们生活中不可或缺的存在，而支付宝是这一蓝图的核心支柱。淘宝平台上 100% 的交易均通过支付宝完成。根据易观国际发布的报告，2010 年中国第三方支付市场的交易总额达到了 11324 亿元，其中支付宝以 49% 的市场份额稳占行业的半壁江山。

2011 年 5 月 4 日开始，"京东与支付宝分手"一事就闹得沸沸扬扬，业内人士及热衷于网购的用户们对它的关注度持续加深。

刘强东解释称，此举主要是因为支付宝费率过高，每年需支付五六百万元。但外界普遍认为，费率问题只是表象，京东真正的意图可能是防止支付宝向淘宝商城泄露商业机密，并计划自建支付平台以增强竞争力。

当时，支付宝作为国内第三方支付市场的龙头，占据 50% 左右的市场份额。然而，由于其与阿里巴巴的紧密关系，支付宝并非完全中

---

[1] 2010 年 12 月 23 日新闻发布会当晚刘强东发布内部讲话时语。

立的第三方支付工具。用户使用支付宝后，其资金流向、订单价格、退款率等交易数据都会在支付宝数据库里留下记录。这样一来，阿里巴巴就可以通过数据库中的记录推算出京东的真实交易额。这对京东来说，无异于裸奔。

于是，刘强东决定放弃与"老伙伴"支付宝的合作，转而自建支付系统，旨在巩固与忠诚度较高的用户之间的关系。这与京东此前自建物流体系的战略如出一辙：尽管短期内需要大量投入，但从长远来看，这将有利于企业的可持续发展。毕竟，过度依赖"第三方"服务并非企业的长久之计，自建核心服务体系才能确保京东在激烈的市场竞争中立于不败之地。

刘强东宣布京东和支付宝"分手"后，其他电商也开始行动。百联电子商务公司和农工商超市集团也宣布不再与支付宝续约，计划自建支付平台。百联更是花费1亿元打造"安付宝"，提供与支付宝类似的服务。

除了电商的"集体叛变"，支付宝还受到银行的限制。自2011年起，为了管控网络消费和信用卡消费，招商银行率先采取行动，随后多家银行纷纷跟进，开始下调网上银行的支付限额。在这一波调整中，支付宝每日交易额也从原先的5000元降低至500元。为应对这一打击，支付宝联合多家银行建立"快捷支付"平台，绕开网银支付额度的限制。

很快，刘强东宣布京东将与中国银联合作推出新的支付方式。这种被称为"银联在线支付"的工具，使用方法简单，安全性高，得到了刘强东的充分认可。京东还与银联开展联合营销活动，吸引更多用户使用新支付方式。

2011年8月24日，京东商城正式宣布与支付宝（中国）网络技术有限公司的合作已到期，并表示："今后，在京东商城网站上，您将无法通过支付宝账号进行登录、订单支付及使用支付宝红包等服务。"

作为反击，支付宝立即推出"快捷支付"功能，与银联展开竞争。

这场支付方式的较量，在一定程度上也反映了京东与淘宝商城之间的竞争态势。

2011年10月，刘强东在微博上指责一家网站未经允许抓取京东产品评价，引发网友各种猜测。这家网站被证实为一淘网，阿里巴巴旗下的购物搜索引擎。刘强东认为一淘网抓取京东数据可能分流用户，于是决定屏蔽一淘。

这一举动不仅引发了京东与阿里巴巴的正面冲突，还让马云陷入了信任危机。此前，淘宝商城因修改招商规则遭到中小网商的集体抗议，马云及淘宝被指责过河拆桥。而京东屏蔽一淘后，苏宁易购、当当网等电商也加入屏蔽行列，让一淘面临更大压力。

自此之后，淘宝与京东开始频频交手。2012年1月11日，淘宝商城正式更名为"天猫"，这一举措被外界解读为淘宝试图摆脱消费者对其低价、低质商品的固有印象，通过提供正品和优质服务来树立"天猫"的品牌形象，从而增强用户对商城的信任。尽管天猫并未直接证实这一说法，但商城随后提高了企业入驻标准和服务质量要求，这都表明天猫正在努力打造一个更可靠的品牌形象。

三个月之后，苏宁易购率先向京东发起挑战，大幅降低数十万种商品的价格，降幅超过30%。2012年5月7日，天猫电器城也紧接着加入战局，宣布投入2亿元用于3C数码、家电等商品的大规模促销活动，并且商家降价部分由天猫全额补贴。当时，京东正面临资金链紧张的质疑，天猫与苏宁联手，试图借此机会一举击败京东。然而，京东并未如他们预期的那般轻易倒下。

值得一提的是，断联十三年后，2024年10月29日晚，京东和淘宝化干戈为玉帛，京东又接入了支付宝支付。商业上的"拆台"与合作，让人唏嘘不已。无关恩怨仇恨，一切都服务于当下的利益博弈。

降维打击垂直电商

在图谋图书市场的同时，刘强东也在积极布局日用百货市场。2008年10月，京东日用百货类商品上线；同年12月，京东商城的"日用百货"频道上线。

当时京东的网站用户流量已经非常庞大，为了快速增加日用百货商品，以更好地满足用户的需求，刘强东采取了"借梯上楼"法。2010年3月，刘强东对外正式宣布，已成功完成对韩国SK集团旗下电子商务平台千寻网的收购。千寻网主要聚焦于服装、鞋帽、饰品等时尚商品的运营，拥有300多个独立供应商，能为消费者提供27万多款商品。而且，千寻网的用户以女性为主，这对京东商城原有的用户群体是一种补充。借助这次收购，京东商城不仅可以丰富商品品类，还可以拓宽用户群，大幅度提高女性用户的比例。

借助SK集团和千寻网的渠道资源，到2010年底，京东商城上线了服装频道，并成功吸引了包括爱慕、欧时力、百丽、飞亚达、依波、佐丹奴、GXG、芭迪、WHATFOR、StellaLuna、七匹狼、迪士尼等近600个品牌的入驻。

京东这一举动，很快引发竞争对手们的效仿。苏宁易购在2010年9月26日进行了重新改版，进一步优化了网站功能和用户体验，并正式上线了服装品类。为了支持服装品类的上线，苏宁易购进一步加大了对物流和供应链基础设施的投入，以确保能够提供快速的配送和优质的售后服务。

2011年4月20日,京东上线了新版服装B2C网站千寻网。新版千寻网与凡客诚品旗下V+平台(Vjia)非常类似,此举意味深长。

伴随着电商行业的蓬勃发展,"买3C、家电到京东,买服饰去凡客"慢慢成为众多消费者认知的购物导向。凡客诚品和京东一样,深受年轻群体的喜爱,一度在服装电商领域属于现象级存在。

2007年,陈年偶然看到一则PPG的服装广告。当时,PPG是国内首家主营男士衬衫的电子商务企业,它没有实体店,也没有代理商,完全依靠网络来销售价格亲民的男士衬衫。同年10月,陈年和几个曾经合作过的老友仿照PPG的模式创立了VANCL网,同样将男士衬衫作为主要销售产品。后来,凡客诚品的产品逐渐扩展到男女装、童装、鞋、家居、配饰、化妆品等多个品类。

陈年在创立凡客诚品之初就意识到平台的重要性,曾尝试与当当合作,却被李国庆拒绝了。之后,凡客诚品还在京东商城平台上销售产品,利用京东的流量和用户基础扩大市场覆盖面。不过,两个季度后,刘强东就叫停了,他认为凡客诚品有"平台倾向"。

当时,陈年对外矢口否认,声称凡客诚品是品牌电商,毫无平台倾向。但私下里,却在暗度陈仓。酝酿了许久的服装电子商务新网站V+平台于2010年5月18日正式上线[1]。V+平台被定位为凡客产品的互补,类似于"百货商场",而凡客本身则是"品牌店"。V+平台上线,凡客开始大量引入第三方品牌,尤其是在男装、女装等分类页面下,凡客诚品自有品牌商品有所减少。这一切都坐实了"平台倾向"预言。

---

[1] 2014年12月22日起,凡客诚品停止使用V+平台网站客服电话,后续订单查询、取消、退换货及售后服务也随之终止。

对此，京东当然不会姑息，于是有了千寻网借鉴 V+ 平台重新上线的操作。京东借此抢夺时尚生活品类市场，与凡客诚品正面交锋。

千寻网重新上线的次日，刘强东高调宣布，京东商城开通海外订购服务，实现全球覆盖，无论身处何地，只要 DHL 或 UPS 的配送网络能够到达，消费者均可在京东商城选购商品。

京东的大张旗鼓，引得当当网也加大了在服装领域的布局。几乎同一时间，当当网成立了服装事业部，采用自营和联营两种模式，一边积极发展自主品牌，一边引进加盟品牌。在短短数月内，当当网成功吸引了唐狮、佐丹奴、七匹狼、堡狮龙、花花公子、太平鸟、美国苹果、爱缪斯、恒源祥、韩都衣舍、葳莲娜、浪莎、婷美、耐克、Kappa、阿迪达斯、美津浓、匡威、李宁、百事等众多品牌的加盟，进一步丰富了商品线，与京东展开较量。

2011 年 5 月 10 日，刘强东又把低价策略运用到服装行业，由刘强东亲自操盘的"京东商城首届服装节"在这天盛大启幕。刘强东承诺，在 5 月 10 日至 5 月 16 日的服装节期间，京东商城服装频道将推出多项优惠活动，包括 59 元一件的超薄防晒 T 恤、39 元一件的品牌涂鸦 T 恤，欧时力、唐狮全场五折，耐克、阿迪达斯六折封顶，百丽、马克华菲半价清仓，以及大量二至三折的潮流服饰无限量供应。网友只需将"京东商城首届服装节"的信息分享至人人网、开心网、新浪微博、QQ、MSN、豆瓣、腾讯微博等任意互动平台，即有机会赢取由唐狮集团赞助的一辆 Mini Cooper。

通过丰富的品牌参与、大力度的优惠和奖品，京东成功吸引了大量消费者参与，"买服装，到京东"，逐步深入人心。这让一直高喊"买服饰去凡客"的陈年很没面子。为了对抗京东，凡客诚品选择和苏宁易购联手，毕竟"背靠大树好乘凉"。凡客诚品作为垂直服装电商的翘楚，都如此瑟瑟发抖，遑论麦考林、唯品会、梦芭莎、走秀网、玛萨玛索等"小而美"的电商了，大家都坐不住了。

实际上，有资本加持的刘强东，从来不把凡客诚品等小众电商当回事，就如同他一贯看不起当当一样。

2011年12月7日，刘强东罕见地发了一条微博力挺陈年。刘强东写道："昨天碰到陈年，这让我更加确信近期有关他们的那些传言都是谣言！因为他的眼睛眯得更厉害了，只有精神状态好的时候眼睛才会越眯越小！在中国，只有一个陈年，他无论是在服装行业还是电商行业都取得了旁人难以企及的卓越成绩！我真不明白那些指责、质疑和嘲讽他的人有什么资格！"

刘强东一向在微博上炮轰他人，如此"反常"行为立刻引发网友的猜测：这是在向陈年示好吗？是要收购凡客诚品吗？

真相是，当时有传言称凡客诚品亏损巨大，资金链即将断裂，导致其上市进程受阻。同样曾被质疑资金紧张的刘强东，只是将心比心，站出来为凡客诚品辩解而已。

12月14日，刘强东又在微博发了一条更引人遐想的内容。刘强东写道："马上就有一场大戏要上演了！我不评判是非对错，但是我能确定这会成为创业者和投资人心中永恒的案例，坐等。"随后，他删掉了这条微博，又发布消息称京东将在2012年再招聘2.5万名员工。一石激起千层浪，更多人开始猜测：京东要强行收购凡客诚品了！

12月19日，陈年在微博上回应了网友们的猜测。他发微博表示自己不想揭露任何人的短处，凡客诚品也不是靠口水就能发展起来的，那些欺世盗名的人最终只会搬起石头砸自己的脚。这番话，语气相当不友好。之后，在刘强东出面澄清"收购凡客诚品"的消息是假的之后，陈年也正式否认了被收购的传闻。

"收购"传闻平息没多久，京东和凡客诚品就开始正面较量了。凡客诚品加入2012年4月底爆发的大规模电商价格战，正式站到了京东的对立面，与其他电商一同对京东形成了围攻的态势。

2012年7月，在雷士照明的"逼宫"事件里，刘强东和陈年的关系愈发变得紧张起来。这件事的起因是雷士照明创始人吴长江宣称自己被投资方赛富亚洲创始合伙人阎焱逼迫离开，从而引发了一场以微博为主要战场的激烈论战。

在这场论战中，刘强东和陈年分属两个阵营针锋相对。先是刘强东炮轰阎焱"不配做 VC 教父"，很快陈年就力挺阎焱，称他"对互联网行业的推动是有目共睹的"，还使用"功不可没"这样的词汇给予他高度的肯定。刘强东支持吴长江而抨击阎焱，是因为他曾在 2008 年找阎焱融资，结果不到半小时就谈崩了；陈年力挺阎焱，是因为阎焱所在的赛富基金是凡客的投资方之一。

在很快到来的"8·15"电商价格大战中，二人的交锋已经变得剑拔弩张。这一次，陈年没有暗戳戳地随大流，而是直接向京东发起挑战，他在微博上宣称，凡客诚品将进军 3C 领域，直捣京东老巢，并拿出比小米手机更低的价格，让喜欢搞价格战的京东吃不消。陈年的话说得极为强硬，还特意@（艾特）了刘强东。在随后接受媒体采访时，陈年还忍不住讽刺京东靠风险投资加剧行业的竞争，"就是熬谁钱多，并没有技术含量"[1]。

面对对方的咄咄逼人，刘强东却异常平静。对他来说，打价格战不过是他经营企业的一种常见手段。他曾经公开坦言：

> "商业竞争是很惨烈的，到最后能活下来的可能就是一两家。对我们来讲，我所做的一切并没有损害消费者利益，尊重商业规则，也不违法。那么在这个基本的条件下，所有激烈的手法我们都会采用。"[2]

---

[1] 2012 年 11 月 19 日陈年在 2012 年财新峰会上谈及电商平台之争问题时发言。

[2] 2011 年 9 月刘强东接受《南方人物周刊》记者薛芳采访时语。

刘强东把价格战运用到服装领域，只不过是服务于全品类扩张的战略决策。为此树敌，并非他本意。关于他和陈年的关系，他在公开场合多次表态，其实他从来没有讨厌过任何竞争对手，因为他认为商业竞争是商业的手段，无关个人，也不代表有你就没有我。

双拳敌四手，后浪拍前浪

京东商城面向淘宝网开火的同时，也在正面冲击国美、苏宁的市场。一开始，国美、苏宁是不屑一顾的。但很快，形势逼着他们不得不重视起来。

到了 2012 年，京东的大家电业务迅猛发展，年增长率高达 300%，吸引了海信、康佳等众多厂商纷纷与其直接建立合作关系。

面对京东的强势崛起，苏宁感到了前所未有的压力。三年前，张近东曾公开表示京东做大家电做不起来，认为京东只是在玩玩而已，很快就会失败。三年后，张近东不得不把京东列入竞争对手。

为了遏制京东的发展，苏宁采取了与当当类似的策略，警告家电厂商：若向京东供货，其产品将被全面撤出苏宁旗下 1700 家门店。对于家电厂商而言，苏宁的销售渠道至关重要，年销售额往往高达二三十亿元，甚至上百亿元，而京东的销售额则相对较小，仅几亿元。因此，在 2012 年上半年，许多家电厂商被迫选择断供京东，京东迎来了货源危机。

为了应对这一危机，刘强东高薪挖来了北京国美总经理闫小兵[1]。闫小兵加入京东后担任京东家电事业部总经理，专门应战苏宁，但效果并不显著。长期以来，国美和苏宁在家电市场占据主导地位，对厂商拥有绝对的控制权（格力除外）。各厂商不敢轻易得罪这两大巨头。

家电厂商拒绝向京东直接供货，逼得京东不得不转向经销商寻货源。然而，经销商的价格并不理想，反应速度也跟不上京东的需求，经常出现断货情况。再加上京东的销售额迅速增长，供货问题愈加明显。

面对这种情况，京东别无选择，只能发动价格战。京东借此希望能够给家电厂商足够的信心，让他们知道，线上销售家电将会成为主流，京东的带货能力不比国美、苏宁差。

2012年8月15日，京东发起了一场电商价格战，矛头直指向苏宁。这场大战被认为是中国电商历史上最惨烈的价格战之一。

当天上午10点，刘强东连发两条微博，宣布"京东大家电三年内零毛利"，所有大家电产品保证比国美、苏宁连锁店便宜至少10%以上。其中一条微博非常引人注目，因为他的配图写着"打苏宁指挥部"。

苏宁易购第一时间回应称，所有产品价格保证低于京东，并承诺如果价格高于京东，将给予两倍差价赔付。国美紧随其后，宣布全线商品价格将比京东低5%。

京东在全国18个城市的大家电仓库开始紧锣密鼓地补货，高管全部到岗调度。同时，京东安排了一百多个员工专门盯住对方的价格，每个人负责三十个左右的产品。此外，京东还多加了一重保障，就是系统会每30分钟自动做一次比价，一旦有人工没发现的价格变动，系统会自动降价。这场价格大战清空了京东三亿多元的货，一下亏了

---

[1] 闫小兵在京东的职业生涯中，多次担任重要职位。2021年12月，闫小兵因家庭原因和身体原因提出退休，但在2023年，他正式回归京东，担任创新零售部负责人。

八千多万元，用了不到10分钟。

10分钟内，全国库存三亿多元的货卖光，刘强东咬牙忍着，消费者不乐意了。那些没有抢购到商品的人，纷纷指责京东虚假促销。因为竞争对手的压力，厂商不正常向京东供货。对此，刘强东也很无奈。

有一天，刘强东与投资人召开紧急会议。他表示，京东准备一天亏损一两个亿，此言一出，投资人的心情颇为沉重，无人反对，也无人明确支持。不过，刘强东的见解却很独到。京东发动价格战，目的并非单纯吸引国美、苏宁的用户转投京东，而是希望将线下消费者引至线上。一旦用户习惯在线购物，无论他们选择国美、苏宁还是京东，都已不重要。只要他们上线，京东就有机会争取这些用户。如果消费者认为大家电无法在线购买，他们永远不会成为京东的用户。通过引导这部分用户上线，京东至少能争取到其中30%的比例，这本身就是一种成功，因为这些用户原本属于国美、苏宁的线下渠道。再者，京东在电子商务领域的理解远深于国美、苏宁，即便他们初期选择后者，京东也有信心在未来几年内逐步转化他们。

让刘强东没预料到的是，"8·15"大战，会引发一串连锁反应。当当、易迅、凡客等也加入进来，整个电商行业陷入价格混战。当时，全国上下都在讨论此事，热度甚至超过了"6·18"（那时"双11"的概念还未兴起）。

最终，这场价格战因为社会影响太大，惊动了国家发展改革委。发改委认定电商价格战存在欺诈行为，需要严惩，这场大战才被迫熄火。尽管价格战存在诸多问题，但它确实推动了电商行业的发展。

事后，很多人批判"8·15"大战是一种低级的价格战，但刘强东显然不这么认为：

"这场战争的核心问题依然是市场的公平性。在任何市场环境中,不公平现象的存在会导致劣币驱逐良币。"[1]

在2012年"8·15"价格战之前,刘强东活跃于微博平台,频繁接受媒体采访并出席各类论坛,旨在提升京东的品牌知名度。作为公司的创始人和代言人,他的每一次发声都吸引了媒体的关注和广泛报道,有效增加了京东的曝光率。然而,随着"8·15"大战的落幕,刘强东认为京东的知名度已经达到了预期水平,他决定关闭微博,将更多精力投入到公司的实际运营中,为接下来的上市做好准备。

---

[1] 2012年8月15日刘强东在个人微博发表的声明。

第八章

赴美上市开启全球扩张

  2014年5月,京东抢在阿里之前,率先在美国纳斯达克上市,成为中国电商企业登陆美国资本市场的标志性事件。这一战略决策背后既有市场竞争的考量,也有资本运作的智慧,凸显了刘强东在行业格局中抢占先机的敏锐洞察力。京东的抢先上市不仅赢得了资金优势,更在品牌国际化造势和人才吸引方面占得先机。待到同年9月阿里巴巴创下218亿美元史上最大规模IPO时,京东股价相较发行价的上涨幅度已达40%,成功奠定了市场对"中国电商双极"的认知。

DST 要求 5 年内不许上市

伴随中国经济的快速发展和互联网行业的崛起，众多中国企业渴望通过上市融资以实现市场扩张。然而，受制于直接 IPO 的门槛高、流程复杂且成本昂贵的现实，许多企业选择了以反向并购的方式进入美国市场。

2007 年至 2010 年期间，超过 350 家中国企业通过反向并购登陆美国 OTC 市场或主板市场。企业借此轻巧地绕过了严苛的 IPO 审查，仅需与一家已上市的"壳公司"合并，即可实现快速上市。彼时，美国证券交易委员会（SEC）对反向并购的监管较为宽松，大量资质不佳的企业借机混入其中。而当时的美国资本市场对中国概念股抱有极高热情，众多投资者盲目跟风买入，推高了股价。

2010 年起，美国 SEC 发现这些借壳上市的公司普遍存在审计不透明、财务数据可疑等问题，开始严查已上市公司，并对欲上市公司严格把关。在此背景下，2010 年 12 月 8 日，当当网却在纽约证券交易所挂牌上市，成为中国首家完全基于线上业务在美国上市的 B2C 网上商城。这一事件被认为是中国电商发展的关键里程碑，对国内电商行业影响深远。

当当网共计发行了 1700 万 ADS 股，每股发行价为 16.00 美元，共募集资金 2.72 亿美元。上市首日股价飙升 86.94%，市值一度突破 20 亿美元。当当网的成功极大鼓舞了国内电商企业，凡客诚品等公司纷纷加速融资与扩张步伐，期望复制当当网的资本路径。身处其中的京东可谓是五味杂陈。

在当当上市前一个月，京东商城的图书频道上线，正式进入图书领域。李国庆冒着重重风险在美国上市，目的之一就是要携资本之力对抗京东。上市当天，李国庆宣称，融资后的当当网将对价格战实施报复性反击，毫不掩饰跟京东正面交锋的意图。

对此，刘强东首先表达了对当当网成功上市的祝福，并表示自己不介意跟李国庆一起喝酒聊天。不过，说归说，手下动作却没有停。很快，京东宣布，"每本书都比对手便宜20%"，这可谓是对李国庆的"报复性还击"的强烈回应，著名的"12·14日图书大战"爆发了。

京东选择硬刚，当当也不甘示弱，它将战火直接引向了京东当家的3C电子产品领域，当当网宣布，投入4000万元对电子商品及百货类商品降价。在这个比着"烧钱"的关键时刻，京东迎来了其发展历程中的重要转折点——DST领投的15亿美元融资到账。

这笔巨额投资为京东注入了强大的资金支持，是京东发展的东风，不过，这股东风并不纯粹，而是自带着一副镣铐，因为这笔资金有一个颇具争议的核心条款：五年内不上市。

那时的京东刚迁至北辰世纪中心，刘强东和DST创始人尤里·米尔纳约在了北京见面，尤里明确表示，他投资的所有企业，五年之内都不能上市，若有近期的上市计划，他就不投，越晚上市的企业，他越是愿意投资。

尤里投资互联网公司的准则是坚持长期主义，他认为，急于上市的公司很难成为超级巨头。因为互联网公司的发展需经历漫长的"超级周期"。这个周期包括前期的巨额亏损投入，如亚马逊和京东在物流领域的持续投入；中期的规模效应显现，市场份额稳固后，企业开始盈利；以及后期的垄断利润收割，如Facebook凭借广告业务获得了巨额利润。而企业上市后的短期财报压力，会严重阻碍长期战略的执行。

尤里对京东的期待是京东成为下一个亚马逊。亚马逊公司成立于1994年7月，发展到第三年的时候，在1997年5月，匆忙上市融资，之后陷入长期亏损。凭借着后期持续地投入，十年后，也就是在2007年，亚马逊股价才开始一路飙升，最终成为行业巨头。DST希望京东能借鉴亚马逊的经验教训，不要急于上市和盈利，要立足长远，聚焦长期增长。

当然，尤里反对京东在美国上市还有现实考量：美国的监管力度日益加大，在这个节骨眼儿上市，极其不明智。

事实也的确如此，当当网上市后不久，美国监管机构对中国概念股的财务问题展开了大规模调查，中国企业赴美上市变得异常艰难。2011年，中国概念股的财务造假问题集中爆发，多家知名公司被做空机构狙击。当年6月，做空机构浑水发布报告，指控嘉汉林业夸大其在中国境内的林木资产价值，甚至虚构了部分林地。报告发布后，嘉汉林业股价一周内暴跌80%，最终破产重组。11月，浑水指控分众传媒虚报其广告屏幕数量，并质疑其并购交易的真实性。尽管分众最终通过独立调查自证清白，但股价仍下跌40%。

由于财务造假事件频发，国际四大会计师事务所——普华永道、德勤、安永、毕马威，开始与高风险中概股客户划清界限。2011年，超过50家中概股公司因审计师辞职而被迫停牌或退市。SEC宣布暂停所有通过反向并购上市的中概股公司的股票交易，并要求它们提供财务证明，还要求会计师事务所提交中概股的审计工作底稿。按照中国法律，境内企业不得向境外机构提供敏感财务数据，事态陷入僵局。2012年，中概股IPO数量降至零，市场陷入冰封状态。

DST提出的"五年内不上市"条款，在外界看来颇为苛刻，但刘强东却欣然同意：

"投资人最关心的是企业能否持续增长，而不是短期套现。

我和 DST 的协议核心是'长期价值',他们信任我的判断。"[1]

在刘强东看来,这个条款对自己和京东都很有利:首先,有了"五年内不上市"条款,京东可以继续实施亏损扩张策略,不必迎合华尔街的季度盈利要求,他也更看重长期战略的执行。其次,不上市也意味着他无须过早稀释股权,能更好地掌控公司的发展方向。

更何况,DST 当时开出的条件极具诱惑力,刘强东没有拒绝的理由。尤里对刘强东如是说:"若你现在上市,京东估值也就 10 亿美元。但我愿意给出 30 亿美元的估值,并额外投资 10 亿美元,让你的公司估值跃升至 300 亿美元。我愿意为你打造一个更庞大的企业,实现更大的盈利。这样的提议,你是否满意?"刘强东毫不犹豫地回答:"我当然非常高兴。"

---

[1] 刘强东在《刘强东自述:我的经营模式》(2016 年出版)中语。

谣言四起："京东要倒闭"

DST 的"五年不上市"建议，体现了资本市场对京东收益长期增长的信心，但现实中的竞争压力却迫使刘强东不得不考虑提前上市。

2012 年是外界对京东资金链断裂、行将倒闭质疑最为猛烈的一年。这一年，京东与苏宁、国美、天猫展开"史上最惨烈电商价格战"，刘强东公开宣称"所有大家电比苏宁便宜 10% 以上"，这就意味着京东要承担巨额补贴亏损。京东在电商竞争中成为被攻击的靶子，竞争对手的打压让京东的生存环境颇为艰难。另一方面，京东坚持走重资产模式，即重金投入物流和仓储建设，仅"亚洲一号"项目就投入数十亿资金。该模式在短期内很难盈利，外界自然对其资金链的可持续性产生诸多质疑。

3 月下旬，一份据称来自"京东聘请的投资银行"的简报被大规模传播。简报显示，京东商城 2011 年实际交易额约 34 亿美元（合 210 亿元人民币），远低于其官方宣布的 309 亿元，且当年亏损额高达 1.8 亿美元。甚至有传闻称刘强东的各大投资方也开始对京东的未来失去信心。刘强东对此不以为意："关于京东商城资金链的问题每年都在说，都快不是新闻了。"他表示，京东商城想要钱随时可以有，排着队要给京东商城投钱的人并不少。

他的"一面之词"很难让人信服，这时，他的老对手——当当网 CEO 李国庆趁机"火上浇油"。李国庆在微博公开表示："京东商城的资金只能维持到 8 月至 12 月，12 月是最后期限，必须抓紧融资或者 IPO，否则处境艰难。"相较之下，大众更倾向于相信李国庆的言论。

针对李国庆的"唱衰"，刘强东发微博称，针对李国庆近期四处散布京东 8 月钱烧光的说法，他愿意开设一个公开的赌局：若京东账户内现金低于 60 亿元，刘强东个人愿向"爱心衣橱"公益组织捐赠 1000 万元，否则质疑者需捐赠 500 万元。刘强东还表示，可让质疑者查看京东账户，并强调京东的净资产远超 60 亿元。

关于 IPO，刘强东当时对媒体公开表示，京东有自己的融资和上市节奏，短期内并无计划。他安抚舆论：

"公司体量大，发展才稳定，投资人才会有信心。谷歌也走了好长时间才成功上市，Facebook 上市前的几次融资都被人认为估值过高，但这些投资方依然赚得盆满钵满。"[1]

李国庆一直把攻击京东当成家常便饭，刘强东对他的"冷言冷语"并不放在心上。但是，经销商的话却让他淡定不下去了。受李国庆言论的影响，一些供货商感到恐慌。他们找到刘强东坦言，跟京东合作这么多年，京东从不拖欠货款，信誉是很好，但外界总传京东资金链要断，他们是真的害怕。因为他们动辄放 5 到 10 个亿的货在京东，京东资金链断了，他们可没法活了……供货商并未指责京东，也没威胁要停止供货，只是表达了他们的焦虑。即便如此，刘强东也倍感压力。

随后，TCL 董事长李东生也对京东的资金链状况提出了质疑。他在公开场合指出，京东等电商企业的价格战带有商业炒作的嫌疑，并

---

[1] 2012 年 5 月刘强东接受《中国经济和信息化》杂志第 9 期封面专访时语。该报道文章名为《刘强东未了局》。

不符合经济规律、市场发展规律，也是不可持续的。李东生这种级别的企业家都开始质疑京东，刘强东意识到事态严重，立即对财务总监陈生强说："研究上市吧。"

2012年6月，微博和论坛流传起了"京东拖欠供应商货款，引发上门讨债"的消息。阿芙精油创始人孟醒（微博实名认证为雕爷）公开表示，阿芙精油自京东商城撤店后，仍有100多万元的货款未结清。拖欠货款的消息传开后，网络上又出现了"刘强东跑路"的传言，称刘强东套现66亿元并在欧洲一次性支付5.6亿购买豪宅。此说法瞬间登上微博热搜，引发全民关注。

"众口铄金，积毁销骨"，在一波又一波的谣言攻击下，消费者和供应商对京东的信任跌到谷底，多家供应商更是联合成立了维权组织，计划通过法律途径维护自身权益。京东的品牌形象遭到重创，刘强东不得不站出来回应：拖欠货款是由于供应商提供的产品品质有疑问，需要更长时间来核实。同时，京东官方也做出表示：会按照双方约定的流程，每月及时处理结款事宜。

一波未平一波又起。2012年8月，又有媒体报道称，京东账面现金仅够维持6~12个月，若无法上市或融资，可能面临资金链断裂。美国投资机构Susquehanna报告指出，京东2011年亏损12亿元人民币，2012年亏损可能翻倍至24亿元人民币，现金流压力巨大。

竞争对手也在推波助澜，苏宁张近东公开表示："京东的钱烧完了，下一步就是卖身，要么苏宁接手，要么国美。"国美高管放风："京东现金流已断，正在秘密寻求收购。"

更糟糕的是，京东公司内部也弥漫着不安情绪。刘强东常与员工一起吃饭，一是把酒言欢，二是倾听他们的心声。许多员工表示家人对京东的未来充满担忧和质疑。"儿子/老婆，听说你们公司要倒闭了，你可得小心点，别连工资都拿不到了。"这样的话，通过员工的口耳转传到了刘强东耳朵里，他明白，这种状况不能再持续下去了。

于是,他毅然召集所有股东,开诚布公地讲述了公司的困境和员工的压力。"感谢大家一直以来的支持,"他坚定地说,"为应对当下的困局,我们必须考虑上市。"至于为何选择美国,他的初衷是:

> "选择美国上市,不是因为缺钱,而是为了让京东成为一个国际化的公司。美国资本市场更成熟,投资者更看重长期价值,而不是短期盈利。京东的模式和亚马逊很像,但我们的物流效率更高,美国人能看懂我们的故事。"[1]

当时,张近东公开向媒体表示,若京东增速超过苏宁,他愿意将苏宁送给京东。面对这样的挑衅,刘强东回应:"京东的增速确实比苏宁快,但口说无凭,让我们通过上市来证明一切,让市场来评判。"

然而,当上市执行团队讨论后告知他,京东市值预计只有100亿美元时,刘强东又犹豫了:"那不行,这个数字离我的目标太远了。除非市值达到200亿美元,否则我们绝不上市。"

---

[1] 刘强东在央视《对话》栏目解释京东选择纳斯达克而非港股或A股的原因时语。

哥大上学被传言患癌

到底要不要上市？刘强东深知，上市对一家公司来说，不仅是一个融资的渠道，更是一个战略性的转折点，需要慎之又慎。他没有急于做出定论，而是选择暂时远离繁忙的工作和日常的喧嚣，给自己一段独处时间，以便能够静下心来，深入思考这一关键问题。

刘强东决定赴美留学，他希望通过这次游学，能够接触到国际前沿的商业理念和管理经验，为自己的决策提供更多灵感和依据。然而这个决定，却给自己和京东惹上了更大的麻烦。

刘强东有一个自驾游的小爱好。自2008年买车后，他每年都会驾车穿越沙漠，每次旅程耗时约15至18天。最长的一次旅行，他用了18天时间前往拉萨，途经了拉萨、新疆，甚至穿越了中俄蒙三国的边境线，累计行程1.8万公里。

平日里，刘强东几乎没有休息时间，周末和节假日也经常是工作缠身，被各种会议和公司事务占满了，这也是中国很多创业者的普遍日常，工作和生活的界线是模糊的。正因为如此，刘强东希望每年都能有一段时间远离工作，静心思考。自2008年起，他就养成了每年至少外出15天的习惯，这段时间里，他基本不看文件、不接电话，他会事先跟同事打好招呼，除非发生重大事件，否则不要打扰他。

因为目的地往往是人迹罕至的地方，单车出行太过冒险，刘强东每次远行通常有三到五辆车组成的小车队，大概十来个人。有几年，刘强东爱上了穿越沙漠的感觉。沙漠的荒凉之美让外来者震撼，而穿越过程中的寂静能让人内心沉静，他能把很多迷茫的事情想透彻。在北京这样的繁忙大都市，这样的思考几乎是不可能的。

穿行沙漠中的种种艰难，如拖拽陷车、恶劣的饮食和睡眠条件，虽然让人憔悴，但也带来了新奇和刺激。这些经历也教会了他面对困难时不放弃的重要性。每次穿越沙漠后，他都有一种感觉，之前困扰自己的问题突然就变得微不足道了，每个人就像沙漠中的一粒沙子，有的沙子永远见不到阳光和风，只有少部分，能有幸被风吹起，在阳光下随风舞动，现在拥有的弥足珍贵。

2013年，京东面临着上市与否的关口，此时的京东员工数即将突破10万，内部也需要进行大的组织结构调整，也需要深入思考一下。他暂时离开，还能检验一下团队的协作性和自主性。

去哪呢？中国的沙漠，他已经挑战了一个遍，没有新鲜感了，一番衡量之后，他决定去美国游学。

其实，这不是刘强东第一次学习充电。本科学历的他，很注重充电学习。2009年，决定自建仓配一体的物流体系之后，他去了中欧国际工商学院；2012年春节前后，刘强东在哈佛商学院学习了40多天。也正是因为有这些经历，2013年他打算再次赶赴美国。刘强东的助理晓虹为他选择了哥伦比亚大学。2013年5月1日，刘强东抵达哥伦比亚大学，12月3日回国。关于为什么来哥大学习，刘强东如是说：

"离开一线管理是为了跳出细节，从更高维度看京东的未来。在哥大的学习让我更清楚地看到京东未来10年的方向……中国企业要国际化，创始人必须亲自理解世界。"[1]

到了美国之后，他首先用了18天时间横穿美国。他从纽约出发，沿着美加边境线到达西雅图，然后转向得克萨斯，最后到达洛杉矶。6月份，他开始认真学习，进行了大量的英文阅读和写作。在这段时间里，他与公司联系甚少，仅参加过两次电话会议，多次月度经营会，他都没参加。于是，股东间开始流传他患癌的谣言。

这天，刘强东正在上课，尤里打电话过来，刘强东有点莫名其妙，问尤里有什么事情，尤里表示没什么事，只是来纽约想见上一面。刘强东表示自己没有时间。尤里说，自己可以到哥伦比亚大学找他。哥伦比亚大学位于黑人区，治安不太好，尤里带了四五个保镖找到了刘强东。两人在哥伦比亚大学附近的咖啡馆谈话，保镖站了一圈。

尤里开门见山地告诉刘强东，他准备设立一个医疗奖，专门奖励最伟大的医学家，每人奖金300万美元，比诺贝尔奖还高，每年奖励7人，总计2100万美元。他解释这样做的原因是他父亲曾患癌症，他找了很多专家给父亲医治，本来父亲只能活半年，后来多活了好几年。他觉得应设立医疗奖，造福更多人。

刘强东听得一头雾水，尤里并不是喜欢闲谈的人，他不明白尤里为什么扯到父亲的癌症。当然，尤里不说，他也不敢问。

最后，尤里还是没忍住，对刘强东说："如果你身体不适，我可以介绍全世界最好的医生和专家给你。"刘强东更加感到莫名其妙了。

尤里觉得不对劲了，直接问道："你到底有没有得癌症？股东们都很担心，因为传言你是来美国治病的。"

---

[1] 刘强东2018年1月24日在冬季达沃斯年会与知名企业家大卫·鲁宾斯坦（David M. Rubenstein）对话时语。

刘强东这才搞明白,他笑着问尤里:"我看起来像得癌症的人吗?"

尤里说:"你确实看起来很瘦……"

刘强东解释,自己之所以瘦了这么多,是因为应酬和压力减少了。在北京时,他经常要参加各种应酬。每个部门每个季度都要聚会,几十个部门轮流来;还有管培生,每年招100个,每次10个人一起聚餐,一年就是20次;再加上受中国传统文化的影响,老家村长来了要接待,供货商来了也要接待。因此,在国内他几乎每天晚上都有应酬,饮食无度,体重自然降不下来。而到美国后,没了应酬,体重自然就降下来了。

消除了尤里的疑虑后,刘强东又解释了他来美国的真实原因,是想静下来认真思考,京东接下来的路该怎么走。尤里对这个解释很满意,主动放弃了"五年不上市"的约定,转而支持刘强东上市。

送走尤里,刘强东继续留在哥伦比亚大学学习,系统地学习了英语和商务管理课程,直到12月3日才回国。

这段经历对刘强东最大的帮助是思维认知的转变。美国的教学方式与中国不同,不是直接给标准答案,而是更注重启发思维和讨论。后来,他将这种方式引入京东,在决策前,鼓励员工讨论并积极发表意见,但决策后,必须坚定执行。

除了学习外,刘强东用大块时间用来思考,经常在公园中静坐,一坐就是一整天。也正是这段时间,他系统梳理了京东的发展战略、金融和组织架构。回国后,他首先改革了组织架构,将京东商城和京东集团剥离,进行了一系列内部改革。

值得一提的是,刘强东在哥伦比亚大学期间还邂逅了章泽天,两人相识并迅速坠入爱河。作为中国早期的网红代表,章泽天自带超强流量与话题热度,这段恋情在当时引起了广泛关注,为京东带来一波新热度。两人结婚后,章泽天还为京东吸引了更多女性消费者,优化了京东的用户群体结构。很长一段时间里,章泽天与刘强东的爱情故事都堪称是京东的流量密码，每逢京东营销新动作，"奶茶妹妹"相关话题必然会被抬出来。章泽天也积极参与京东营销活动，借个人影响力帮京东造势，为京东营销部节省了一笔不菲的广告开支。章泽天还经常出席各种高端社交活动，与众多知名人士互动，这无形中提升了京东在高端市场的知名度和影响力。章泽天为京东在品牌推广、市场营销和高端社交等方面都带来了显著的正面影响。

不过，刘强东哥伦比亚大学之行的最大意义在于，经过四个月的冷静思考，他最终做出了提前上市的决定。

腾讯把电商交给京东

京东上市前,还发生了一件大事,那就是京东和腾讯联手了。

腾讯在电商领域的布局由来已久,从 QQ 网购综合平台到拍拍网的 C2C 模式,再到易迅网的 B2C 模式,每个动作都在彰显马化腾对电商市场的野心。然而,这些平台定位重叠、协同不足,市场表现并不理想。2013 年微信用户数已超过 3 亿,QQ 的活跃用户数更是达 5.9 亿,腾讯手握这两个巨大流量入口,偏偏电商业务却一直没成气候。

早在 2005 年,腾讯推出拍拍网,模仿淘宝模式,借助 QQ 的流量优势,一度成为国内第二大 C2C 平台,2007 年市场份额达到 9%。然而,拍拍网在 2015 年被关闭前已成为假货的集散地。拍拍网落得这样的结局,一是因为它缺乏成熟的商户生态系统,淘宝通过"低价策略"和支付宝信用体系成功吸引了大量商户,而拍拍网在这方面难以突破;二是由于腾讯缺乏电商治理经验,任凭假货泛滥,而没有及时采取措施。

2010 年,腾讯收购了主打 3C 数码产品的易迅网,试图通过"自营+物流"的模式与京东竞争。当时,得到刘强东去美国哥伦比亚大学游学的消息后,时任腾讯电商控股公司董事长刘炽平立刻组织了一次内部会议,他宣称,刘强东的暂时离开是腾讯超越京东、发展电商的难得机会。他号召团队在这段时间内全力以赴,争取一举超过京东。为此,刘炽平和马化腾调动了腾讯旗下的所有资源,全力给予流量支持,并大力投入物流建设,试图复刻京东模式。

结果却不尽人心，几个月后，易迅与京东的差距不仅没有缩小，反而进一步扩大。一开始，易迅网在上海等地推出了"一日三送"的服务，2012年的GMV突破60亿元。但由于全国物流网络建设不足，它无法与京东的"亚洲一号"仓储体系相抗衡，再加上腾讯的供应链管理能力也不够，易迅网的亏损不断扩大，并迅速崩溃。

马化腾无奈地表示，竞争对手的老板不在公司，只是底下一群员工在作战，即便如此，易迅仍未能动摇京东的市场地位，可见这场竞争实在难以继续。腾讯还尝试了团购（高朋网）、奢侈品电商（QQ网购）等多种模式，但都因为资源分散和运营效率低下而惨败收场。最终，马化腾、刘炽平和吴霄光在内部达成共识：既然无法打赢这场仗，不如选择放弃，于是做出了交出电商业务的决定。

2013年，腾讯电商板块的财报显示年亏损超过8亿元，而同期京东的亏损仅为5000万元，营收却是腾讯电商的三倍。在经历了多番尝试，却屡屡碰壁后，马化腾不得不承认："电商不是腾讯的基因。"退而求其次，腾讯开始实施"投资合纵"的战略转变，其核心逻辑是利用自身的流量优势和资本纽带，联合盟友共同对抗阿里巴巴。

而对京东来说，它迫切需要借助腾讯的势力来对抗阿里巴巴。2013年，尽管京东的GMV（交易额）突破了1000亿元，但阿里系（淘宝+天猫）的GMV高达1.5万亿元。为了与阿里抗衡，京东急需更多的资金和流量支持。眼看着微信迅速崛起，并成为移动互联网的主要社交入口，而微信支付的影响范围越来越大，刘强东知道，腾讯拥有的正是京东发展所缺乏的。

刘强东还有一个很现实的考虑，京东计划在2014年赴美上市，提前引入腾讯作为战略合作伙伴，不仅能够提升投资者信心，还能将公司的估值故事从"中国亚马逊"升级为"阿里唯一挑战者"。

双方的结盟是彼此共同的战略需要，所以，整个牵手过程还算顺利。2014年1月，在张磊和沈南鹏的撮合下，京东与腾讯进行了第四次合作谈判，双方迅速达成一致意见。

第一次与马化腾亲密接触，刘强东对他的印象很好。他坦言："和马化腾谈挺容易的，他说话特别真诚，是很简单、很低调的一个人。从两三年前见面到聊的过程中，他给我透露的所有信息，从来没有做过任何修饰或者夸大。其实我们在谈判中花的时间很少，最后关键条款是我们在香港吃了顿饭达成的，大概两个小时的时间，就把所有关键地方全部谈成了。"

在与腾讯的谈判中，员工安置问题是讨论的焦点。腾讯的6000多名员工需要妥善安置。双方花费了90%的时间讨论如何确保员工得到妥善安置和安抚。腾讯坚持不能辞退任何员工，并要求刘强东保证。

刘强东明确表态，即使没有这一要求，他也不会辞退任何员工。他认为，如果并购后辞退员工，京东将无法再进行类似的合资并购，他的声誉也会受损。"员工永远是第一位的"是京东的核心价值观。刘强东认为，并购腾讯电商业务的核心在于其人才——那6000多名员工，而非几百亿元的销售额，后者他一年就能实现。

这些员工分布在全国各地，涉及配送站、仓储、物流等岗位，深圳和上海的人数最多，占近一半。刘强东仅用两个月时间就完成了这6000多名员工的整合，在中国互联网行业堪称史无前例。部分腾讯员工因文化差异离开了京东，但核心团队都留了下来，并在京东的后续发展中发挥了关键作用。

2014年3月，京东与腾讯正式达成战略合作协议。京东收购了腾讯旗下的QQ网购和拍拍网100%的权益，以及易迅网的部分股份。同时，腾讯向京东注资2.14亿美元，持股15%。此外，腾讯还为京东开放了微信和QQ的一级入口（"购物"频道），期限为5年。腾讯甚至承诺，不再自营电商业务。2019年，微信重启了"微信小店"，打破了这一承诺，这是后话。

对于腾讯而言，此次与京东的合作是一种多赢。其一，腾讯成功剥离了亏损的电商业务,得以专注于社交和金融核心领域。其二,通过扶持京东,腾讯有效牵制了阿里巴巴,尤其在支付领域。腾讯通过京东对阿里的牵制,迫使阿里将资源向天猫倾斜,微信支付被封杀的压力一下就减轻了。随后,微信支付借助京东的交易迅速普及,逐步有了跟支付宝抗衡的力量。其三,投资回报同样丰厚,随着京东的成功上市,腾讯的持股价值在2020年峰值时超过150亿美元,电商业务带来的亏损就显得格外不值一提了。其四,从长远来看,这次合作开创了中国互联网"流量+场景"的经典模式,为腾讯后续投资美团、拼多多等开了个好头。

这次合作对京东的后续影响也很深远。首先,微信入口为京东带来了海量用户,2017年的京东财报显示,京东24%的新增用户来自微信/QQ。其次,京东移动端订单占比从2014年的20%升至2016年的80%,微信入口的贡献不可忽视。最后,腾讯的入股不仅为京东提供了充沛的资金和流量,也重塑了它与阿里的竞争格局,这次合作是京东日后跻身万亿市值的重要转折点。

很多人把京东视作腾讯的"小弟",刘强东对此显然是不认同的,他说:

> "很多人说我们是腾讯系的,我们内部并不这么认为,我们不存在站队问题,京东就是做自己。我们始终坚持自己的商业逻辑,不会为外界所动,不会因为市场份额而跟着疯狂起来。当市场悲哀的时候我们也悲哀,别人狂笑的时候我们不会哭泣,别人哭泣的时候我们也不会大笑。"[1]

---

[1] 语出刘强东2018年在吴晓波主持的财经脱口秀《十年二十人》中的公开发言。

"一定要抢在阿里之前上市"

从哥伦比亚大学回来后,刘强东发现,在他离开公司的这段时间里,公司的业绩非常好,增速稳健,没有任何问题,他对团队的作战能力很满意,决定将上市提上日程。

刘强东一直认为,去美国上市不可怕,可怕的是团队没有做好准备就匆匆忙忙上市。许多中概股出问题就出在这,团队没有准备好,只为了赶上市场浪潮,拿到好的发行价格,匆忙上市之后,后患无穷。这对公司、投资人和市场来说,都是不负责任的。

在哥伦比亚的半年时间,刘强东理清了公司发展的方向,回来又看到团队很给力,公司整个管理系统已然成熟,他顿时信心倍增。

2013年5月,中国证监会与美国公众公司会计监督委员会(PCAOB)签署合作备忘录,允许美方在一定条件下审查中概股的审计底稿。这一突破缓解了跨境监管冲突,为后续IPO扫清了部分障碍。随后,美联储维持量化宽松政策,全球资本市场流动性加强。与此同时,美国科技股表现强劲(如Facebook股价翻倍),投资者对高增长互联网公司的兴趣快速升温。这些对京东上市都是利好信号。

一个更加直接的刺激来自京东的同行——中国在线旅游平台"去哪儿网"。2013年11月1日,去哪儿网于美国纳斯达克成功上市。它的体量虽然与京东并不具备可比性,可它的成功上市还是给了京东一些压力和动力。尤其是去哪儿网在上市当天股价直接上涨了89%,

达到了28.35美元，市值达到了32.09亿美元。这一表现对于一家刚刚上市的公司来说是非常惊人的，也显示了投资者对中国互联网公司的信心。

京东不抓住市场回暖的机遇，加速推进IPO进程，更待何时！

刘强东回国之后，京东开始紧锣密鼓地准备上市。公司迅速成立了上市筹备小组，新来的首席财务官黄宣德担任小组组长，刘强东担任副组长。

上市团队的行动力很强，2013年12月份，京东启动上市程序；2014年1月30日，也就是农历年的除夕，就向美国证券交易委员会（SEC）提交了IPO招股书。据说，当时全国的财经媒体从业者都忍不住吐槽，因为大年三十还得紧急报道京东上市的消息。这其实是刘强东有意为之，曾经敲锣打鼓宣称"五年内不上市"，现在京东改变主意要上市，并且还没拿到板上钉钉的结果，他不想让媒体有过多地报道。选在大年三十提交IPO招股书，过年为大，这事自然掀不起什么水花，年后也就没人关注了。

实际上，整个上市过程，几乎99%的工作都是由黄宣德完成的。刘强东在路演之前只参加了两次会议。一次是向投行分析师介绍公司战略，另一次是上市路演前的决策会议。

不过，刘强东是全程参与上市路演的，历时10天。他们遵循标准路径，访问了中国香港和美国，原定路演路线还包括新加坡和欧洲，但被刘强东砍掉了，他觉得这些就足够了。

他们访问了美国的五个城市：纽约、波士顿、旧金山、华盛顿，以及一个特别小的城市，因为那里有一家全球著名的基金。刘强东后来回忆说，他在路演期间多次遇到聚美优品的陈欧，两人的上市日期相隔不远。

整个路演过程中，刘强东只见了八个投资人，其中只有一个最终没有投资京东。国外的基金经常询问京东的对标企业，刘强东反复强调京东不是亚马逊,京东做了很多亚马逊没有做的事情。他主要介绍的是京东商城,提到了京东将来会做类似京东到家这样的模式,以及京东金融,但没有提供任何数字或详细说明。

当然,京东也遇到了一些不认可京东的投资人,他们主要是质疑京东的利润率。刘强东用他的倒三角理论回应这些质疑,他反复宣称只要成本足够低,即使毛利率只有11%,京东也能实现盈利。

路演中让刘强东真正着急上火的是翻译。路演到每个城市都需要更换翻译,由投行安排。有些翻译对数字不敏感,经常混淆"百万"和"十亿",刘强东不得不亲自用英语讲解。

对于刘强东来说,上市的那一天并没有特别的激动。他认为,企业做大后,需要给社会、合作伙伴、员工、媒体和公众一个交代,这是上市的意义所在。另外,上市也是为了透明化财务和公司的一切,因为京东已经关系到千千万万的家庭、消费者和几十万个合作伙伴、供货商的利益,是发展到一定规模的必然结果。不过,他对京东的未来还是充满了期待,上市当天,他如是说:

> "今天不是终点,而是新的起点。京东未来要做的不是中国亚马逊,而是世界的京东。我们会继续投资物流、技术,让全球消费者享受到中国电商的效率。"[1]

回头看京东的上市之路。当时,阿里巴巴早已启动赴美上市计划,但其庞大的体量和复杂的 VIE 架构导致上市进程缓慢。刘强东抓住这一时间窗口,以更简洁的股权结构和清晰的商业模式快速推进 IPO。

要知道,在京东上市之前,阿里巴巴已经锁定了除 UBS 和美林之

---

[1] 语出 2014 年纳斯达克上市当天刘强东现场发言。

外的所有投行。刘强东事后却承认,抢先上市有助于避开资本市场的直接对比:

> "我们比阿里早几个月上市,不是因为竞争,而是因为我们准备好了。但客观上,这确实让京东获得了更多国际关注。如果两家同时路演,市场注意力会被分散。"

京东的上市之路很平顺,主要是因为京东做了充分准备:2013年清理了所有VIE架构,确保股权清晰;突出自营模式与阿里平台的区别,提前强化对供应链的控制力;将物流优势转化为数据指标,展示的配送时效远超行业平均水平。这些举措有效化解了投资者对中国电商同质化的疑虑。他在上市前还果断引入腾讯作为战略投资者,不仅解决了资金问题,还通过战略合作让资本市场看到了京东对抗阿里的可能性,增强了投资者的信心。

京东团队积极推进、抢先上市,还成功避免了与阿里的正面碰撞。若两家公司同期路演,阿里势必吸引大部分资本关注,京东可能沦为陪衬。而抢先上市让京东独享市场热度,其IPO最终募集17.8亿美元,首日市值约297亿美元,创下当时中国企业在纳斯达克的最大IPO纪录,也为后续发展储备了充足的"弹药"。

第九章

携技术破冰前行

　　刘强东之所以备受社会追捧，不仅因为他在商业领域的卓越成就，更因为他懂得回馈社会，尤其是肯为老百姓谋福利。他深知，企业的发展离不开社会的支持，更应反哺社会，关注民生。基于这样的认知与情怀，京东上市后，刘强东开始勇敢涉足他人未曾触及或不愿涉足的领域，不断拓宽电商行业的边界，致力于解决社会实际问题。

纳米材料概论

京东金融并非盲目跟风

别人做金融产品是为了赚钱，什么热门就投资什么，而京东的金融产品都是建立在电商基础之上，是为京东客户解决棘手问题而研发出来的。对此，刘强东很坦荡：

"京东金融的很多业务都是在全国甚至全球首创，比如说京东白条，我们是全国第一个电商公司推出白条服务的。供应链金融、股权众筹、产品众筹，我们整个京东金融进行了大量的创新。所以金融集团有资格赢得市场的信任，我也希望京东金融继续保持创新概念，能够继续为我们的消费者服务，永远不要忘了我们的用户体验，我们的客户为先。"[1]

京东金融起步于2011年5月。当时，网银在线刚获得第三方支付牌照。2012年10月29日，京东完成对网银在线的收购，以摆脱对支付宝、银联等第三方支付工具的过度依赖。

不过，京东收购网银在线，并不只是为了竞争，更不是为了复制一个支付宝。刘强东对此解释：

---

[1] 语出2016京东集团年会刘强东"新经济、新秩序"主题讲话。

"支付只是京东金融服务业务中很小的一部分，收购网银在线绝对不只是为了做一个在线支付公司，纯粹是因为有需要，特别是中国有无数的中小企业需要贷款，这对京东公司是一个巨大的机会。因为京东有强大的自建物流体系，所以在数据真实性和完整性方面都有绝对的优势，这为金融业务奠定了得天独厚的基础。

京东商城可以说掌握着中国最真实、最有效的订单交易信息；在京东商城没有刷交易额的行为，没有虚假交易、没有洗钱、没有假货、没有水货，所以京东的消费数据也是中国最高质量的消费数据，通过这些数据，我们不但能够为商家提供贷款，还能为消费者提供贷款。"

收购网银在线，刘强东的思路很清晰：一是，京东有了独立的支付体系，资金流转更方便，也能为京东的上市增加筹码；二是，借此，京东可以与多家银行和金融机构建立合作关系，利用这些资源能更好地整合电商上下游产业链，从而开拓更多金融业务。

在收购网银在线的次月，京东就开始酝酿开发供应链金融产品。当时，许多中小企业面临融资难、融资慢的问题，尤其是京东的供应商们。传统的银行贷款，效率低、手续繁琐，无法满足他们的即时性和灵活性需求。而京东凭借采购、销售、财务等数据，可以对供应商资质做出全面的判断，对供应商的贷款需求能做到快速审批，简化贷款流程，提高放款效率。京东通过自身的技术和资源优势，完全可以创建一种新的融资模式，不仅覆盖更广的范围，还能提高融资效率，降低供应商们的融资成本，于是，"京保贝"应需而生。它做到了无须抵押和担保，通过自动化审批，3分钟内即可完成从申请到放款的全过程。

2013年10月，京东成立了独立的金融部门，专注于供应链金融服务。"京保贝"作为该部门推出的第一款产品,于 2013 年 12 月 3 日正式推出[1],同时,京东把金融部门分割出来,开始独立运营。

阿里当时也有自己的金融产品,但两者并不一样。阿里是平台公司,而京东是供应链服务公司。刘强东把"京保贝"定位为"供应链的增值服务商",利用京东十几年来在供应链、供应商、库存管理上积累的经验,为商家赋能,刘强东希望它能彻底解决过去贷款难、贷款慢、利息高、时间久、靠关系等困难。

"京保贝"的同类产品在美国已经很成熟了。比如,专注提供在线小额贷款的 OnDeck 公司、专注提供即时融资服务的 Kabbage 公司和专注为中小企业提供基于应收账款和存货的融资服务的 BlueVine 公司,这些公司都是通过技术创新和大数据分析,为中小企业提供了高效、便捷的融资服务。

"京保贝"借鉴这些公司的成熟做法,在银行和大量中小企业间搭建桥梁。它 7×24 小时支持跟京东有合作的企业放贷,根据企业过往产品的交易记录、信誉,给企业一个放款额度,这中间没有放贷员,不需要见面,没有营业网点,不需要提供一大堆证明,不用找关系,不需要任何的抵押,只需要签署贷款协议即可。利率比银行高一到两个点,但是综合的资金使用成本依然低于银行。"京保贝"还做到了按日结算利息,支持今天贷明天还,企业可以不断地去贷,不断地还,甚至可以设置自动还款功能。供应商从申请到收到他们需要的钱只要三分钟。

看上去京东是在抢银行的饭碗,但银行却拍双手支持,这是为什么呢?

---

[1] "京保贝"推出十年后,已累计为京东自营供应商提供了超 7300 亿的循环资金支持,十年实现了超百倍的增长,总业务量占商业保理全行业超 10%。

刘强东坦言："我们所有的金融产品都围绕着创新，不是为了跟银行竞争，只会和银行合作，是希望通过这种模式做一些银行不能做或者做起来成本较高的事情。京东具备这样的能力，所以不会对现行的金融政策、金融体系造成任何冲击。"

这件事，银行做不了，只有京东能做。很多中小企业没有土地、设备等固定资产，只有流动资产和库存产品，银行并不知道这些产品值多少钱，也不知道怎么控制这些产品，更没办法把这些产品变现，所以银行没办法接受产品做抵押，但京东可以。京东依赖商城大数据库，它知道这些产品值多少钱，能多长时间卖出去，能以多少钱卖出去。它不怕企业不还款，因为京东有平台可以把这些产品卖出去，坏账率可以做到非常低。

刘强东觉得，京东金融不能仅满足于为供应商提供增值服务，还要为消费者服务。于是，2014年起，京东金融推出了"京东白条"，它的模式类似于应收账款，与传统的信用卡业务有显著差异。用户可以享受长达30天的免息期，且分期利率远低于信用卡利率。

"京东白条"被城市白领津津乐道，但它的问世，初衷是为了助力农民群体。刘强东出身于农村家庭，他深知农村生活的艰辛。他很清楚，当农民资金短缺时，往往只能依赖亲戚朋友间的借贷或高风险的高利贷。而农村高利贷的利息高达三分至五分。这种沉重的债务负担让无数农民家庭陷入困境，每年辛苦劳作所得往往仅够支付利息，本金始终无法还清。

过去，农民们有时会购买到假种子、假农药、假化肥，辛苦耕耘却颗粒无收，生活更是雪上加霜。刘强东曾亲眼看见无数农民站在自家田地里，眼神空洞，绝望无助。他希望通过"京东白条"的方式，将优质的种子、农药、化肥以及电器、服装、食品等商品带入农村，让农民能够享受到便捷的金融服务和可靠的产品，让他们借助京东的力量实现自我发展，改善生活状况。

2014年7月1日，京东又推出了一个创新产品——京东众筹。这款产品是帮助创业者解决融资难问题。借助众筹平台，项目发起方可以在产品正式上市前进行市场验证，收集用户反馈，降低市场风险。京东众筹不仅为创业者提供资金支持，还为创新创业企业提供孵化功能，帮助企业的创新成果快速转化为市场产品。因为门槛低、审核简单、筹资快速，到2015年底，京东众筹占据市场超60%份额，成为行业的领头羊。

刘强东曾提及一款小收音机的案例，生动地诠释了众筹的力量。一位创业者发明了一款独特收音机，售价三千多元，专门针对收音机爱好者。尽管时代变迁，依然有一小批忠实客户是钟爱收音机的，是有市场需求的，可这个价格，没有代理商肯接，创业者也不敢大批量生产。后来，借助京东众筹，创业者获得了超过千万元的资金支持，规模生产、营销推广得以一一落实，后来的收益也非常可观。

京东金融始终以客户需求为核心，急客户之所急，想客户之所想，它推出的产品，如"京保贝""京东白条"以及京东众筹都深受市场欢迎。在这些明星产品的引领下，京东金融进一步推出了小金库、京小贷、ABS云平台、大数据消费指数等一系列创新产品，逐步形成了涵盖供应链金融、消费金融、众筹、财富管理、支付、保险、证券、农村金融和金融科技等九大业务板块的完整金融生态体系。

京东金融的核心理念始终围绕着成本和效率两大关键词。刘强东深知，如果京东金融无法在降低金融交易成本和提升金融效率方面超越传统金融机构，那么它就没有存在的意义。京东不仅仅满足于利用流量在行业中分得一杯羹，而是致力于通过创新和技术驱动，为客户创造更大的价值。

短短两年时间，京东金融便在竞争激烈的金融市场中脱颖而出，成功完成了A轮融资。这一轮融资规模宏大，达到了惊人的10亿美元，总估值更是一举超过了460亿元人民币。这样的成绩，不仅彰显了京东金融的实力,也充分证明了资本市场对它未来发展的信心。

此次融资由红杉资本中国基金、嘉实投资和中国太平等知名投资机构领投,这些投资机构的加入,不仅为京东金融带来了资金,更带来了丰富的行业经验和广泛的资源网络。有了这些强大的后盾支持,刘强东底气十足地宣布了一个宏伟的计划:京东集团将在未来3到5年内至少再打造2家上市公司。后来,他还真就做到了。

让技术变得有温度

京东云（JD Cloud）是京东科技集团在上市后发展起来的又一核心业务板块。

早在 2011 年，刘强东就确立了以技术为驱动的总体战略，规划未来十年京东将重点发展电商平台、物流平台、技术平台和互联网金融四大战略业务，并将云平台作为这四大业务的技术基石，全面发力云计算。

事情的起源是，刘强东在阅读福布斯杂志时，被美国 Dropbox 的辉煌成就所吸引，进而产生了打造个人云盘的构想。Dropbox 的创始人德鲁·休斯顿在麻省理工学院求学期间，精心研发了一款高效的文件同步系统。凭借这一技术突破，Dropbox 在激烈的市场竞争中迅速脱颖而出，占据了领先地位。2008 年，Dropbox 的卓越表现引起了科技界的广泛关注，甚至吸引了苹果公司创始人史蒂夫·乔布斯的注意。乔布斯对 Dropbox 的潜力十分看好，遂向德鲁·休斯顿开出了一份高达九位数的收购报价。然而，面对这一诱人的提议，德鲁·休斯顿却坚定地拒绝了。他深知 Dropbox 的价值远不止于此。

刘强东很钦佩德鲁·休斯顿的不屈精神，于是决定借鉴 Dropbox 的成功经验，结合中国市场的特点，开始着手布局京东云业务。

2012 年 4 月，京东云正式挂牌成立。当时，刘强东在江苏省宿迁市建立了庞大的客服中心，旨在提升客户服务质量和服务效率。在选址过程中,刘强东高瞻远瞩,决定在宿迁设立云计算中心,充分利用当地的地理优势和资源条件,为京东的云计算业务打基础。经过一年的精心筹备和不懈努力,到了2013年,京东的云计算服务正式上线。

对于为什么要做京东云,刘强东曾经骄傲地对外宣称:

> "未来所有的企业都将是科技企业,京东必须成为一家技术驱动的公司,而不是单纯的电商公司。京东云不是为云而云,而是从京东自身业务里长出来的。我们经历过全球最复杂的供应链和零售场景,这些经验可以帮企业少走弯路。"[1]

客观地说,关于云计算,京东并非早起者。阿里巴巴早在2009年就已经开始布局阿里云,而亚马逊AWS和微软Azure等国际巨头也已在全球市场上占据了一席之地。刘强东知道,云计算是未来企业服务的重要基础设施,京东必须建立自己的技术护城河,而京东云不仅将直接为京东的发展注入动力,还能成为京东博弈未来的重要抓手。

更何况,京东商城的流量越来越大,特别是在大型促销活动期间,服务器瘫痪和宕机的现象频发,商场运营的各个环节,包括流程控制、采购控制、质量控制、节点控制、物流控制,大量的后端业务都需要云的支持。为此,刘强东让团队立下"投名状",京东云"必须要做成",因为云计算不仅仅是一个关于计算能力、带宽和资本的问题,更是一种硬实力,是向传统企业渗透的重要手段。

让人钦佩的是,刘强东一开始就抱持开放的心态,希望将京东云的使用权分享给需要的企业,依靠京东领先的技术能力,快速得到中小企业与互联网行业的认可。

---

[1] 语出刘强东在2017年乌镇互联网大会上的讲话。

然而，国内云服务的发展还面临着消费观念的挑战。许多有一定规模的企业在开发云计算时往往不计成本、不计效益，企业管理者更倾向于用自己的方式开发。由于社会信用体系尚未完全建立，中国企业家普遍缺乏安全感，因此中小企业更愿意使用公有云，而大企业则在是否采用云计算服务上犹豫不决。要让大企业完全放弃自己的IT和服务器，一直是一个难题。

云计算市场尚处于培育期，因为市场上很难找到大客户愿意相信并购买云计算服务。认识到这一现状后，刘强东借鉴了亚马逊云服务的经验，他知道亚马逊的云服务亏损了7年才开始盈利，就大胆为京东云计算制定了长远的发展战略：以云计算为依托，为京东内部信息系统、外部软件开发企业和个人，以及全社会所有企业和个人提供云计算技术平台、服务和解决方案。京东的云平台涵盖了私有云、电商云（电商开放云）、智能云、物流云和产业云等多个领域。

京东云的发展历程可分为三个阶段。首先，刘强东推动京东内部各种电商资源和能力的"云化"，并构建了京东云的内部架构。接着，他将这些云化后的电商资源对外开放，建立了京东电商开放云等平台，致力于培育京东电商资源的应用生态。最后，京东云进一步整合了更多的外部电商资源，开始向全行业和全社会提供更广泛、更有价值的云服务。简单来说，就是循序渐进地走向开放。

2016年10月25日，刘强东推出了大数据服务平台——京东云数智平台，这是京东云在大数据和云计算领域的创新成果，旨在帮助传统企业和政府机构实现"格数致知"，加速转型。同时，结合京东集团的资源和技术能力，京东形成包括电商云、物流云和产业云的特色解决方案。

京东智能云是针对智能硬件产品的专项云服务，致力于打造多方共赢的智能硬件生态链。依托京东云的技术积累，京东为合作伙伴提供全方位的技术支持，帮助硬件厂家快速实现产品智能化。利用大量消费者数据(经过脱敏处理,并尊重消费者意愿),刘强东希望为智能硬件创业者提供用户需求数据,避免创业者闭门造车。

此外,京东还推出了京东微联平台,旨在通过一个APP操作所有智能硬件,实现跨品牌、跨产品、跨行业的智能控制。这一平台已经吸引了三百多个品牌接入,为开发者创造了二次开发的平台,让智慧更加贴心地为人们服务。

刘强东给京东云制定的战略定位是成为全球领先的产业云服务商,主张"从云中来,到产业中去"。与阿里云(通用云)和腾讯云(社交游戏云)不同,京东云更加专注于为各行各业提供量身定制的云计算解决方案。京东云不仅在技术上不断创新,还通过提供全栈式服务(从IaaS、PaaS到SaaS)和全场景覆盖(公有云、私有云、混合云、专有云),力求在市场上占据一席之地。

尽管京东云在市场上起步较晚,落后于阿里云、腾讯云和百度云等第一梯队玩家,但其发展速度迅猛,在金融云、零售云、物流云等细分领域形成了差异化优势。尤其是在政务云市场,京东云杀出了一条血路,成功跻身中国政务云市场前三。后来,京东云曾计划科创板IPO,因监管环境变化而暂缓。但京东云是京东从"零售公司"转型为"技术驱动企业"的核心载体,支撑京东零售、物流、金融等业务的IT基础设施,刘强东对京东云的重视有增无减,京东集团每年在技术研发上投入超百亿。刘强东的布局显然意在长远,京东云成为"中国版AWS"[1],似乎指日可待。

---

[1] AWS(Amazon Web Services,亚马逊云计算服务)是由亚马逊公司创建的云计算平台,是目前全球最全面、应用最广泛的云平台之一,提供超过200项功能齐全的服务,旨在帮助各种规模的企业、政府机构和非营利组织快速部署和管理应用程序。

消除农村"价格歧视"

2014年,国家连续出台《电子商务进农村综合示范工作方案》等政策,鼓励电商下沉。京东顺势而为,率先进军农村市场。

农民出身的刘强东,一直在关注农村生活。一旦有能力的时候,他便想着如何通过电商去改善农民的收入。刘强东对自己的农民企业家身份并不感到羞耻,反而以农民的儿子为荣,他多次公开说:

"京东的根在农村,我永远是农民的儿子。我们要用供应链能力把农产品卖到全国,让农民和城里人赚一样的钱。"[1]

一直心系农民的刘强东敏锐地察觉到农村市场长期存在"价格歧视"问题。他发现,农民在购买工业品时,因为位置偏僻,供应量少,而被迫接受更高的价格。比如,在苏北地区购买一件衣服或电子产品,价格可能比北京、上海更贵;而在偏远的地方,情况更糟糕。与此同时,农村自产的商品,如散养鸡,在当地卖不出好价钱,拿到镇上仅能卖三四十元,而在京东商城上却能以128元的价格被抢购一空。

刘强东早就有了推动京东网络渠道下沉,大力发展农村电商的想

---

[1] 出自京东集团官网2020年4月发布的《刘强东致全体京东员工的一封信》。

法。他希望通过电商与农村的深度融合，彻底抹平城乡间的"价格歧视"。既要解决贫困地区物流不发达导致的购买价格过高问题，让农民享受到与经济发达地区同等的产品、价格和服务；还要积极帮助农村优质产品卖出好价钱，让城市消费者享受到安全、优质食品的同时，农民也能获益。

随着中国电商行业规模超越美国，打击假冒伪劣已成为行业持续发展的关键。刘强东很清楚，在农村熟人社会中，一旦有人购买到假货，消息会迅速传开，影响电商的声誉。因此，在拓展四线到六线城市和农村市场时，他特别重视建立信任关系。他认为，在城市已经赢得信任的京东，需要进一步巩固这一优势，再逐步渗透到农村市场。

面对农村基础设施薄弱、网络普及率低、物流不畅等挑战，刘强东提出了3F战略：工业品进农村战略（Factory to Country）、农村金融战略（Finance to Country）和生鲜电商战略（Farm to Table）。

他希望通过工业品进农村战略，实现城乡产品和服务的价格平衡，让农民以最低成本获得优质原材料。同时，通过京东完善的物流体系，直接将种子、化肥、农药等从工厂送到田间，确保产品质量并降低农民成本。

前面提到的"京东白条"就是农村金融战略下的产物。通过这一服务，农民在购买种子、化肥等生产原料时无须预先支付，等收成下来再偿还本金和利息即可。农民不仅可以以极低的利息获得资金支持，他们的资金周转难题也妥善解决了，真正满足了农民的实际需求。

生鲜战略的实施是通过与永辉超市达成战略合作来达成的，2015年8月，京东以43亿元入股永辉超市，持有永辉超市10%的股权，双方共同打造了一条从田间到餐桌的供应链系统，通过线上线下结合的销售模式，确保农产品的新鲜度和品质，满足城市消费者的需求。

刘强东的农村电商战略涵盖农产品的生产、加工、销售等多个环节，打造了一个完整的农村经济产业链。在农产品的生产端，京东利用自身渠道为农民配送实惠的正品原料,还提供了赊销、信贷等服务;在销售端,则利用渠道优势打开农产品销路,通过信贷、众筹等多种方式周转资金,助力农民和企业的发展。整个产业链为农村经济发展注入新的活力。

为了提高农民收入,刘强东还提出了"一村一品一店"的农村战略。通过扶植每个村子的品牌特色产品,如宿迁的黄花菜,刘强东承诺提供优质种子、有机肥料并签订收购协议,确保农民获得高于市场两到三倍的收购价。

为了将农村电商落到实处,京东在农村地区招募了大量乡村推广员,这些推广员熟悉当地的社会格局,帮助京东打开农村消费市场的同时,积极指导村民使用京东平台,处理购物、支付、物流等问题。京东通过自营的县级服务中心对乡村推广员进行招募、管理和支持,确保服务的有效性和覆盖面。

2016年,京东通过技术升级,启动"京东农村电商3.0",通过"特产馆"模式助销地方农产品。比如,通过京东特产馆,赣南脐橙在全国范围内的销售额显著提升,成为地方特色农产品的代表之一。在帮助农民卖货的同时,京东还利用大数据分析用户需求,并反向输出至产地,以此指导农户的种植和销售策略,从而避免滞销。五常大米就是通过京东特产馆和大数据指导种植,市场知名度和销售量得以大幅提升。

有句话说得好:因为懂得,所以慈悲。刘强东童年时期的生活并不富裕,事业有成后,他始终心系农村和农民,尤其是在上市后,他开始回馈农村,通过各种方式回馈家乡和帮助农民脱贫致富。这不仅体现了他对农村的深厚情感和感恩之心,也展现了他作为企业家的社会责任感。

刘强东的努力,赢得了社会各界的广泛赞誉,也倒逼着阿里、苏宁、拼多多等跟进发展农村电商,造福于民。阿里推出了"千县万村计划",

苏宁易购在县域市场建起了服务站,拼多多开展了低价白牌商品进农村活动,它们的共同努力,不仅帮助农民解决了农产品销售难的问题,也提升了农民的收入,促进了农村经济的发展和大量返乡就业。仅京东一家,就累计培训超 10 万名乡村推广员,带动了青年"返乡创业"热潮。

京东到家旨在解决安全问题

自2010年以来,中国国内食品安全事件频发,引发了社会各界的广泛关注。这些事件不仅损害了消费者的健康,也严重影响了消费者对食品安全的信心。

2010年"青蟹注胶"事件中,商贩为增加重量向活蟹体内注入明胶;2011年"染色馒头"案中,企业使用柠檬黄、山梨酸钾等添加剂伪装粗粮馒头;2012年,一些地区的白菜被曝使用甲醛进行保鲜,以延长保存期;2013年,一些不法商贩被曝光使用硫黄、敌敌畏等有毒化学物质对生姜进行保鲜处理,导致生姜中检出农药残留超标;2014年6月,全球零售巨头在华部分店面所售驴肉被检出含有其他动物的DNA,包括狐狸肉;2015年走私"僵尸肉"被查获,这些冻肉甚至已存放超过40年。

随着这些食品安全事件屡屡发生,消费者对生鲜品质的要求不断提高,更加注重产品的来源、生产过程和品质保证。例如,越来越多的消费者开始选择有机蔬菜、绿色食品等认证产品,认为这些产品在生产和加工过程中更加安全、环保。同时,政府和企业也加大了食品安全监管力度,采取了一系列措施来保障食品安全。政府加强了对食品生产、加工、销售等环节的监管,严厉打击违法使用农药、添加剂等行为。2015年新《中华人民共和国食品安全法》实施,建立了最严格的监管制度,农产品追溯体系逐步推广。而超市则开始配备农药残留检测仪,部分城市试点"放心肉菜"二维码溯源。不少企业则通过建立食品安全追溯体系，提高产品质量，增强消费者信心。

在此背景下，生鲜电商应运而生，迅速成长为万亿元新兴市场。不过，生鲜产品具有易腐、易损、保质期短的特点，对仓储、运输、配送的要求极高。另外，传统菜市场的生鲜损耗率约为10%~15%，而生鲜电商由于涉及分拣、包装、运输等环节，损耗率可能高达20%~30%。尤其是水果、叶菜类易腐商品，若销售不畅，极易造成库存积压和浪费，利润空间会进一步被压缩。而生鲜作为日常必需品，消费者对其价格极为敏感。电商平台如果想覆盖冷链和配送成本，往往不得不提高售价，而过高的价格又会导致用户流失。此外，传统快递模式难以适应，需要冷链物流支持，而冷链的建设成本高昂。简而言之，生鲜电商这块蛋糕并不容易下咽，投入成本巨高，短期内难以盈利，很多电商企业不愿意涉足这一块"冻土"。

京东作为电商代表，义无反顾地加入了生鲜电商领域，旨在解决安全问题。在谈及为什么要做"京东到家"时，刘强东的这段话，再次为他加分，让他火出了圈：

> "如果大家创业的话，希望每个人要问自己一个非常关键的问题：我这个项目解决了什么问题？如果你什么问题都不能解决的话，那么我可以说你的项目注定会失败，所以创业是为了要解决问题。有的人说，不，我觉得我创业是为了获取财富。创业成功获取合理合法的财富，无可厚非，但是我从来都没有看到哪一个创业者是为了获取更多的财富而创业成功的。"[1]

农村出身的刘强东对食品安全和农产品流通问题有深刻体会，他曾多次公开表达对国内食品安全的担忧，并认为电商可以改变传统生

---

[1] 2015年4月25日，刘强东在哈佛中国论坛上进行了主题演讲，分享了他创立京东以及二次创业O2O项目"京东到家"的经历及经验。

鲜供应链的弊端：

> "我小时候在农村，吃的菜都是自家种的，很安全。但现在城市里很多人买的菜，可能农药超标、保鲜剂滥用。京东要做生鲜，就是要让消费者吃得放心，同时帮助农民把好产品卖出去。"

当然，除了为国为民的情怀之外，刘强东在涉足生鲜市场前，也是做了调查的。美国生鲜电商渗透率约 10%，英国约 15%，而中国不足 5%。刘强东认为，只要搭建好冷链物流体系，保证生鲜产品的新鲜度，解决了高损耗、高成本问题，生鲜市场大有可为。

刘强东还想到了更深一层，生鲜属于高频、刚需消费品类，消费者每周甚至每天都需要购买，购买频率远高于家电、服装等低频品类。如果能通过生鲜业务吸引用户高频访问京东平台，就能带动其他品类的销售（如日用品、快消品），形成"高频带低频"的消费生态。例如，用户在京东买菜时，可能顺手购买纸巾、牛奶等商品，从而提高平台的整体 GMV（成交总额）。如果能把生鲜打造成京东商城的"流量入口"，它自然能带动京东商城的盈利水平。

同时，刘强东也很清楚，前期做生鲜一定会遇到不少困难与挑战。一方面，生鲜商品需全程冷链，但中国冷链基础设施薄弱，初期必定投入巨大，自己又要背上"烧钱王"的骂名；另一方面，大部分用户仍习惯线下买菜，京东要想引导消费者到线上消费，必然需要以补贴的方式教育市场，这又是一笔投入。

尽管挑战重重，刘强东还是愿意去做这件大家都不愿意做的事情，他说："生鲜是电商的最后一片蓝海，得生鲜者得天下。"

关于如何做生鲜，京东内部早在 2012 年就开始筹划了。最早是尝试做自营，计划把生鲜板块放在京东商城里，当时已经签了一千多家连锁店。可因为移动端的 GPS 定位不精准，出现了很多问题，并没有做起来。

2015 年 3 月，京东正式成立"京东到家"事业部，首次提出了"从产地直接送达消费者"的理念（Farm to Table），主打"1小时送达"服务，通过高效的物流系统和配送团队，确保消费者在下单后能够在极短时间内收到商品。一开始，京东上线了一款名为"拍到家"的APP，为生鲜电商积累原始数据。在积累了一定的经验和信心之后，京东宣布正式成立O2O独立全资子公司。4月16日，京东将"拍到家"更名为"京东到家"，首批覆盖北京、上海、广州、深圳等一线城市。

初期，京东到家采用"平台模式"，而非自营仓储，通过与沃尔玛、永辉、华润万家等大型连锁超市合作，链接其商品库存。消费者在京东到家APP下单，订单直接推送至附近合作门店。然后，由达达骑手到店取货，1小时内配送到家。相比京东自营物流，这种模式更轻资产，适合高频、即时配送需求。

在业务上，京东到家最初以生鲜、超市商品为主，但后来逐渐扩展至医药健康（与叮当快药合作）、鲜花蛋糕（与线下花店合作）、数码3C（部分手机、数码产品也可1小时达）等。

6个多月的时间，到2015年11月，京东到家已经覆盖了国内11大城市，遍及华北、华东、华中、华南、西部等多个区域，京东到家的发展速度超出了刘强东和同行的预期。刘强东也没有想到，他的一个布局，竟然开启了我国O2O即时零售的征程。阿里巴巴随后在天猫超市推出生鲜产品，还专门推出了盒马鲜生新零售品牌，甚至与饿了么合作，与京东到家直接竞争。

2016年4月15日，京东集团宣布京东到家与众包物流平台达达合并。合并后，京东到家在物流和供应链方面得到了进一步的增强，服务能力和市场竞争力得到了进一步提升。很快，中国O2O市场就形成了京东到家+达达+沃尔玛、盒马+饿了么+大润发、美团买菜+闪购+外卖的三足鼎立局面。每日优鲜、叮咚买菜、永辉超级物种等其他玩家也趁势崛起。中国O2O市场由此进入爆发期，年增长率超40%，随后便有了盒马生鲜的IPO计划和达达集团的成功上市。

京东物流全面开放

京东物流成立于2007年,最初是为了解决京东商城的物流问题。当时京东的物流速度和服务质量无法满足客户需求,刘强东便力排众议,拍板投入巨资自建物流系统,以打造京东电商的"护城河"。

京东物流作为京东集团的核心业务板块之一,其主要任务是支持京东电商平台的仓储、配送和售后服务。在早期阶段,京东物流以自建仓储和配送网络为核心,通过重资产投入打造了一套高效、可控的物流体系,这一策略在早期帮助京东在电商竞争中建立起差异化优势,尤其是"211限时达"(上午下单,下午送达)等服务,极大提升了用户体验,为京东电商业务的快速扩张提供了强有力的支撑。

随着京东电商规模的不断扩大,京东物流的网络覆盖和运营能力也得到了显著提升,逐渐形成了包括仓储、运输、配送、客服等环节在内的完整供应链服务体系。然而,自建物流的成本极高,京东物流长期处于亏损状态,主要依赖京东商城的订单支撑运营。随着京东电商业务增速放缓,以及中国物流行业的整体发展(如顺丰、通达系等企业的成熟),刘强东意识到,如果京东物流仅服务于京东内部业务,其庞大的仓储、配送网络和技术能力将无法充分发挥价值。同时,京东物流的高固定成本(如仓库、员工、车辆等)也需要更大的业务规模来摊薄,仅靠京东商城的订单难以实现盈利。

京东物流全面对外开放,也是切实可行的。一方面,京东物流的基础设施和运营能力在服务京东平台的过程中积累了丰富的经验，具备了对外服务的能力；另一方面，许多中小企业和品牌商在仓储、配送和供应链管理方面面临效率低下、成本高昂的问题，市场有需求。京东物流开放出去，可以帮助更多企业降低物流成本、提高运营效率。

基于这些考虑，京东集团在2016年底开始酝酿物流业务的独立运营和开放战略。京东高层开始评估物流开放的可行性，并研究顺丰、菜鸟等竞争对手的运营模式。

在2016年的京东集团年会上，刘强东首次明确提出京东物流要"全面开放"，希望京东物流不再仅仅依赖京东商城的输血，而是要自己"造血"，从企业物流转型为物流企业：

> "京东物流如果只做京东的生意，那永远只是个成本部门。我们必须走出去，服务更多的客户，才能真正把物流做成一个可持续的生意。"

2017年4月25日，京东宣布成立"京东物流子集团"，独立运营并对外开放，服务对象不再只是京东，而是全社会的商家和个人用户。

京东物流的客户群体逐步从原有的京东商城扩展至KA客户、POP商家以及广大中小型企业。到现在，京东快递已在全国42个城市推出免费上门接货服务，全年无休，并为客户提供多种时效产品以及代收货款、保价、自提等多元化增值服务。

开放物流其实是刘强东布局京东生态的重要一环。刘强东对京东的长期发展规划中有一条，京东不只是做一家电商，而是要构建一个涵盖零售、金融、物流、技术等业务的生态体系。开放后的京东物流不仅提供传统的仓储和配送服务，还推出了供应链金融、冷链物流、跨境物流、云仓等增值服务，以满足快消、服装、生鲜等不同行业客户的多样化需求，这不仅为公司增加了收入来源，成功实现自我"造血"，还吸引到更多商家加入京东生态系统,增强了平台黏性。

刘强东的决策并非单纯出于商业盈利考虑,而是怀揣着提升中国物流行业整体效率的宏伟愿景。他曾坦言:

> "京东物流的开放,不仅是物流业务的升级,更是京东从零售公司向零售基础设施服务商的转型。京东物流的开放,是为了让中国的社会化物流成本更低、效率更高,这是我们的责任,也是未来的机会。"[1]

随着电商和零售行业的升级,企业对物流效率和服务质量的要求日益严格,传统物流模式已难以满足这些需求。通过技术驱动,如大数据、人工智能和自动化设备的应用,京东物流提升了物流效率并降低了成本,不仅推动了整个行业的转型升级,还促进了物流资源的优化配置。

为了适应业务变化,京东物流主动调整员工薪酬结构,成为国内少数愿意向快递员提供底薪和五险一金的物流公司之一。它还采用了新的激励机制,打破了"大锅饭"模式,激励员工多劳多得,同时提高了员工的整体薪酬水平。

2018年,京东物流完成首轮融资,吸引了高瓴资本、红杉中国等知名投资机构,估值超过1000亿元人民币。在强大的资本扶持下,京东物流后来在香港联交所主板上市,成长为估值近千亿元的独角兽公司,彻底实现了从成本中心向利润中心的转变。

京东物流的全面开放和独立发展,不仅彰显了刘强东作为企业家的卓越智慧和深远目光,更验证了他对行业发展趋势的敏锐洞察和前

---

[1] 刘强东在2017年京东物流独立运营发布会上语。

瞻性布局。刘强东以其独特的战略眼光,洞察到物流行业在电商和零售升级背景下的巨大潜力,果断推动京东物流从内部服务体系向全社会开放,这一决策不仅极大地提升了京东物流的自身价值,也为整个中国物流行业的进步注入了强劲动力。这也是资本一路追捧他的深层原因之一。

刘强东不止一次说过:"我是农村出来的,我们这一代人,很多都是农村出来的,大家都急于大刀阔斧地改变自己家乡的面貌。但是居高临下的反哺、一厢情愿的改造,恐怕都解决不了问题。面对长期被市场忽视的'冻土',需要的是我们真正俯下身去,做细致入微的探察,以感同身受的责任感,去耐心地做基础商业建设。"

基于这样的情怀,针对商户融资难题,他创立了京东金融,为商家提供了便捷的贷款渠道;为了助力商家更深入地洞察消费者需求,他推出了京东云并对外开放,共享大数据资源;面对食品安全挑战,他推出了"京东到家",确保食品新鲜直达消费者手中;为了消除农村市场的"价格歧视",他大力推动农村电商发展,让优质商品和服务惠及农村地区;此外,为了彻底革新物流行业,京东物流全面开放,不仅服务于京东自身,更面向全社会商家和个人用户,提供高效、可靠的物流服务。

这些因时制宜、应运而生的新业务,在积极"反哺"社会的同时,也为京东集团注入了新的增长动力,同时提升了公司的综合竞争力和社会影响力。

第十章

向万亿迈进

在电商领域的激烈角逐中,京东承受着前所未有的压力。一方面,阿里巴巴旗下的淘天集团完成组织架构优化后强势回归,依托其成熟的生态体系和丰富的商家资源,持续巩固它在高端市场的领先优势;另一方面,抖音电商借助短视频流量红利和直播带货模式,快速抢占年轻用户和下沉市场份额,成为增长最快的电商新势力;而拼多多则凭借"低价策略+社交裂变"实现弯道超车,在下沉市场占据绝对优势。面对多方围剿,京东的市场份额与增长动能被挤压,甚至在某些领域只能被迫防守,落入下风。在此背景下,刘强东另辟蹊径,通过分拆上市策略,将京东从一家综合电商平台升级为一个万亿规模的商业生态帝国。该策略的核心在于:通过资本运作释放业务价值,通过独立上市强化各板块的竞争力,同步构建更庞大、更富弹性的京东系商业版图。

"万亿京东"之梦

2012年1月11日上午,淘宝商城改名"天猫"。借助当年的"双十一"购物狂欢节特卖互动,天猫仅用13小时就突破了100亿元人民币的交易额,创造了世界纪录。截至2012年11月30日晚上9点50分,淘宝网和天猫的总交易额突破1万亿元大关。当时,马云在新闻发布会上表示:"我们很幸运,能够适逢互联网这个时代,一起见证并参与互联网及电子商务给我们社会带来的一次次惊喜和改变。1万亿只是刚刚开始,我们正在步入10万亿的时代,未来电子商务在中国,必将产生1000万数量级的小而美的企业。"[1]

2015年4月,马云口中的"小而美的企业"拼多多宣告成立,并于9月正式上线运营。上线仅两周,用户就突破了百万。单月成交额很快就突破了1000万元人民币。拼多多的快速崛起,不仅印证了社交电商的强大生命力,也为中国电商市场注入了新的活力。

与此同时,零售巨头沃尔玛却在2015财年遭遇了自1980年以来的首次年度销量下跌,年度营业收入下滑0.7%至4821亿美元。而阿里巴巴则于同年实现交易额(GMV)破三万亿元人民币的壮举,超越沃尔玛成为全球最大的零售平台,引发全球热议。

---

[1] 2012年12月3日淘宝天猫交易额破万亿新闻发布会上马云语。

沃尔玛作为传统商业的领军者，败给了电商代表阿里巴巴，传统零售业与电商的这场较量让人唏嘘不已。这个结果令阿里巴巴的挑战者京东感到振奋。

2016年1月，京东集团年会上，刘强东首次明确提出"万亿京东"的目标。对于"万亿京东"，刘强东的定义是：

> "什么叫'万亿京东'？有两个硬性指标都必须达到，才能称之为万亿京东，一是集团净收入超过一万亿人民币，二是集团的市值超过一万亿人民币。"[1]

这次讲话是刘强东对京东未来十年的规划，他强调要通过业务扩张、技术投入和资本运作实现规模突破。刘强东特别强调，"万亿"指的是销售收入，而不是平台收入。为此，他提出"分拆上市"计划，未来三到五年，除了集团公司在美国上市之外，还要再打造至少两家上市公司。

2016年至2017年期间，刘强东在达沃斯论坛和央视财经访谈等多个公开场合反复提及"双万亿"愿景。2017年2月4日，他在央视《遇见大咖》节目中谈到妻子章泽天时表示："我跟她在一起，不是因为她漂亮，因为我根本不知道她漂亮不漂亮。我脸盲！"这个富有争议的话题，引发了热议，同时也带动了他的万亿目标受到关注。刘强东在该节目中表示："（万亿目标）不是吹牛，只要用户需要，我们可以做任何业务。"这当然也引起了不少讨论。

随后的京东集团年会上，刘强东宣布京东将转型为"科技＋金融＋物流"的生态企业，并设定未来12年成为全球前五科技公司的目标。

---

[1] 语出2016年京东集团年会刘强东"新经济，新秩序"讲话。

他自信地预言，京东将在2021年前超越阿里巴巴，成为中国第一大B2C平台。刘强东表示："我坚信在2021年之前，最快可能到2020年，京东商城将成为中国第一大B2C电商平台。"这一宣言无疑是对马云的公开挑战。

为了实现这一"五年规划"，刘强东押注"金融"和"科技"这两大支柱。2016年，京东金融支付总额首次超过1万亿元。刘强东预计，到2020年，京东金融将转型为向金融机构输出技术、风控能力的金融科技公司，与上千家金融机构合作，为超过百万家企业提供产品或服务。

科技领域，京东自2015年起大力投资发展大数据、云计算、人工智能和自动化技术，成立了X、Y事业部。刘强东强调："未来12年，我们只有技术！"会上，他还提出了前瞻性的观点："未来10年，所有友商会越来越像今天的京东，而京东会越来越不像它们。关于电商的商业模式之争可以结束了。"此番言论初听颇为自信甚至狂妄，但后续的市场表现验证了刘强东的远见卓识。

事实上，2017至2018年间，中国电商巨头阿里巴巴正经历着一场深刻的战略转型——从"轻资产模式"转向"重资产模式"。这一转变标志着阿里巴巴不再满足于服务第三方商家的"平台业务"，而是开始深入涉足"自营业务"。阿里巴巴的触角逐步延伸至线下，不再仅以战略合作与持股的方式参与线下商超运营，而是启动了大规模的并购与控股行动。

在物流等电商基础设施领域，阿里巴巴的策略亦有显著变化。它不再局限于提供"技术解决方案"，而是立志全面掌控整个供应链路。这场战略转型的序幕，可追溯至阿里巴巴对银泰百货的全面并购。随后，一系列重大举措相继推出：设立盒马鲜生、入股大润发（最终实现控股）、发展淘鲜达、探索线下无人超市等。这些均被视为对京东的"反向"学习。

刘强东推动京东通过分拆上市实现万亿目标的策略，本质上顺应了中国互联网行业近年"去中心化"转型的大趋势。在互联网行业发展初期,巨头们普遍采取"大而全"的扩张模式,通过集团输血快速孵化新业务。但随着市场竞争加剧与监管环境变化,这种重资产、高投入的模式逐渐暴露出效率低下、估值受限等弊端。分拆上市恰恰提供了破解之道:一方面可借助资本市场力量为子业务"输血",另一方面又能通过独立运营激发团队的活力。

这种转型更深层次的原因在于互联网产业价值评估体系发生了变化。资本市场愈发青睐垂直领域专业公司,而非综合性集团。这种估值逻辑的转变,促使互联网企业不得不重新思考组织形态,通过业务分拆实现"专业公司集群"的架构重组。分拆策略还契合了互联网行业风险管理的需求。近年来,新业务拓展的失败率居高不下,巨头们更倾向于采用"隔离舱"模式运营创新项目,失败了就果断舍去,不至于拖累主体业务。

从行业竞争维度审视,分拆上市已成为互联网巨头构建生态护城河的重要手段。京东通过分拆物流、金融、健康、研发等业务,旨在打造以零售为核心、多领域协同的"京东系"商业生态。这种生态化发展模式既区别于传统企业的垂直整合,也不同于纯平台型的轻资产运作,而是以资本纽带维系的专业化集群。阿里旗下的菜鸟、盒马等业务同样遵循此逻辑。也就是说,行业竞争已从单一业务较量升级为生态体系的全面对决。

刘强东通过持续分拆业务上市的战略布局,最终被证明是一条通向"万亿京东"目标的正确路径。后来,京东物流、京东健康等成功上市的子公司在各自领域建立起竞争壁垒,既为京东集团贡献了可观的资本回报,又通过专业化运营提升了整体竞争力。这种分而不散、协同共生的模式,促使京东从单一自营零售平台逐渐蜕变为真正意义上的产业互联网平台。当京东体系年交易规模突破万亿大关时,人们才真正领悟,刘强东当年那些被视为"割肉"的分拆动作,实际是在下一盘更大的棋局。

分拆上市搁浅

2017年4月,京东物流正式从集团剥离,成立独立的子集团。这一决策的意图是:通过市场化运作,让物流业务从纯粹的成本中心转变为新的利润增长项目。刘强东在内部会议上斩钉截铁地强调:"物流必须从花钱的部门变成赚钱的业务。"为此,京东物流开始积极拓展外部客户,建立市场化定价机制,希望借此分摊物流成本,为未来的资本运作奠定基础。

三个月后,京东金融也完成了独立拆分。此次拆分采用了特殊的股权架构设计,赋予金融业务更大的经营自主权。刘强东对此寄予厚望:"金融业务的独立发展,将帮助京东构建更完整的商业生态。"事实证明,该决策让京东金融在随后的金融科技浪潮中占据了有利位置。

在健康医疗领域,京东的布局同样颇具前瞻性。2017年9月,京东健康业务部升级为独立事业部,开始探索"互联网+医疗健康"的创新模式。尽管当时中国的互联网医疗行业尚处于萌芽阶段,但刘强东十分坚定:"医疗健康是未来十年最重要的赛道之一,京东必须提前布局。"

这些业务板块的独立运营,均指向一个更宏大的战略目标:通过专业化运作释放业务价值,为后续资本运作创造条件。刘强东希望通过倒逼各业务单元建立现代企业制度,从"温室花朵"成长为能独立应对市场风雨的商业主体,进而实现"万亿帝国"之梦,甚至更高的目标。

2018年1月24日，刘强东在与凯雷私募股权基金公司创始人大卫·鲁宾斯坦对话时明确透露了其终极野心：

"我的目标是成为全球最大的电商，不只是在中国。"[1]

当大卫·鲁宾斯坦听闻京东市值仅600亿美金时，甚是惊讶，毕竟亚马逊当时市值超6000亿美元，国内的腾讯及阿里市值也已突破5000亿美元。他难以置信地追问："所以您的目标就是不要屈居于现在的中国市值第四，而是冲向前三甚至到榜首，您认为这需要花多久？"刘强东回应称，未来四年内，在中国的B2C平台，京东将成为第一。此时的刘强东，对实现万亿京东的目标信心满满，因为分拆计划正有条不紊地推进着。

2018年2月14日，刘强东发布新春内部邮件，宣布京东物流集团正式成立并完成了具有里程碑意义的25亿美元融资，创下当时中国物流行业私募融资最高纪录。高瓴资本、腾讯、红杉中国、招商局集团、中国人寿、国开母基金、国调基金、工银国际等顶级投资机构的联袂加持，既为京东物流注入充沛的资金"燃料"，也为其商业模式投下了重量级的信任票。刘强东以精心设计的AB股架构，在引入外部资本的同时仍牢牢掌握着控制权。这笔巨额资金主要投向智能物流升级、仓储网络扩建和国际市场拓展三大领域，其中"亚洲一号"智能仓库和无人配送技术的研发成为重中之重。

此轮融资的成功推动了京东物流的后续发展。外部客户收入占比从2018年的10%快速提升至2020年的46%，基本实现了刘强东设定

---

[1] 语出刘强东在2018年冬季达沃斯年会的对话环节。

的目标。更重要的是，这次融资让资本市场开始以独立视角评估京东物流的价值，为其后续上市铺平了道路。这次融资是京东系企业分拆上市策略的首次尝试，成功开了个好头。

刘强东还宣布，2018年京东将加速推进国际化战略。技术方面，京东的硅谷研发中心将进一步扩大，并迁入位于硅谷技术核心区、面积超五万八千平方千米的新办公室；同时，京东的欧洲研发中心经积极筹建也将正式设立，并面向全欧洲吸引技术人才。业务方面，京东将在泰国、印尼等地全面开展业务，纽约、澳大利亚和米兰的地区办公室即将揭牌营业，欧洲和美洲的业务也将开启全新篇章。不仅如此，京东将继续开展中国品牌抱团出海计划，在布局全球化业务的同时，带领中国品牌拓展国际市场。

2018年8月16日，京东彻底完成25亿美元融资。在随后的分析师电话会议上，刘强东详细解读了财报关键点，并透露计划年内成立一支物流地产基金，旨在利用第三方资金推动物流仓储设施的建设。与此同时，市场不断有消息传出，京东物流可能于2019年下半年实现独立上市。对此，京东物流CEO王振辉明确表态，预计到2022年，京东物流将成为年收入超千亿的物流科技服务商。

然而，就在刘强东为"世界的京东"四处奔波、京东物流准备启动上市程序的关键时刻，2018年8月爆发的"明州事件"给整个京东集团带来了前所未有的冲击。

这场突如其来的危机，不仅重创刘强东的个人形象，更为京东的品牌声誉蒙上阴影。事件发生后，京东股价应声暴跌，市值短时间内蒸发超150亿美元。这场危机直接导致京东物流上市计划被迫搁置。

"明州事件"的影响远不止于资本市场。作为京东的灵魂人物，刘强东不得不暂时退居二线，由徐雷接任京东集团CEO。在这段艰难时期，京东不得不放缓分拆上市的步伐，将更多精力用于稳定基本盘。

原本紧锣密鼓推进的上市计划不得不推迟，各业务板块的独立进程也相应放缓。资本市场对京东系企业的估值预期出现下调,投资者开始重新评估京东生态系统的稳定性。更为关键的是,这次事件让外界开始质疑刘强东个人与京东企业治理的边界问题,这一定程度上影响了后续资本运作的推进。

化整为零，"田忌赛马"

"明州事件"虽然暂时打断了京东的分拆上市进程，但并未改变这一战略的根本方向。2019年2月1日，刘强东在给京东人的内部公开信中如是说：

> "2018年对我本人、我的家人以及公司都是异常艰难的一年！但我坚信，只要我们保持初心和战略定力，牢记使命，就一定能够迎接春天的到来！公司越大，责任越大，我们要时刻反思警醒，将自满的情绪清零；要以最积极的姿态、最饱满的热情，用必胜的信念迎接春天的到来！"[1]

刘强东在信中宣布，京东商城正式升级为零售子集团，确立"以信赖为基础、以客户为中心的价值创造"的经营理念，围绕"有质量的增长"全面开展变革；京东金融完成品牌升级，正式更名为京东数字科技并实现全年盈利；京东物流推出建设全球智能供应链基础网络的宏大计划，全面向社会开放和共享遍布全球的六大物流网络。除零售子集团、京东金融、京东物流三大子集团外，京东物产、京东安联

---

[1] 语出刘强东2019年2月1日内部公开信。

保险和京东云这三块种子业务也开始生根发芽，这六大业务板块将为京东未来的发展奠定坚实的根基。

为了确保多项业务齐头并进，刘强东将积极推动"小集团，大业务"的组织转型。集团总部从管理型总部升级为战略型总部，将运营职能下沉，更加关注战略布局及各业务板块的协同发展，更加强化职能服务的平台化建设，将着力推动整个集团的数字化管理，为业务板块的发展提供助力；集团还进一步授权，使各业务板块升级为独立的作战军团，各自能更专注于自身的经营。

在落实"小集团，大业务"战略过程中，京东还在物流板块试点了Big Boss组织变革。Big Boss借鉴了"阿米巴经营"和"内部创业"的理念，致力于破除大企业层级冗余、决策迟缓的弊端，推动京东从"集团管控"向"业务自主"转型。Big Boss机制强调集团将业务决策权、用人权、财务权等下沉至各业务单元，减少中间审批环节，让听得见炮火的人做决策；每个业务单元（即"Boss单位"）需独立核算成本和收益，自负盈亏，团队收入与业绩直接挂钩；通过股权激励、利润分成等方式，让团队成为业务的"老板"（Boss），提高员工积极性；鼓励内部竞争，表现优秀的团队可获得更多资源，表现不佳的则被整合或淘汰。

简言之，Big Boss是京东"小集团，大业务"战略的关键执行工具。总部作为"小集团"，聚焦战略、风控和基础设施支持；而"大业务"则通过Big Boss机制实现自主经营，快速响应市场。2018年，京东物流率先推进Big Boss变革，在刘强东正式提出"小集团，大业务"战略之后，2019年开始在全集团推广。为了确保Big Boss变革全面落地，刘强东亲自参与梳理支撑公司战略和经营目标的关键经营节点，并将这些关键经营节点Boss化。

由此可见，刘强东在被迫淡出公众视野期间，并未赋闲，而是在幕后推动了一系列重大变革，其中还包括重启分拆上市计划。

刘强东深谙在电商主业面临增长瓶颈的情势下，必须通过资本运作释放京东生态系统的潜在价值。他选择的分拆路径极具针对性：首先将最具增长潜力的健康业务独立运营，随后推动物流板块的市场化转型，同时加快金融科技业务的资本运作。这种分拆不是简单的资产剥离，而是建立在各业务单元已具备独立运营能力的基础上。以京东健康为例，其在分拆前就已建立起完整的医药供应链和互联网医疗体系，2019年5月独立时估值已超300亿元。刘强东的分拆逻辑很明确：既要保持集团对核心业务的控制权，又要让各业务单元获得足够的市场化空间。

之所以在2019年重启分拆计划，有一个客观的原因：2018年，香港交易所实施了自2000年成立以来最大刀阔斧的上市制度改革：一是，放行"同股不同权"的公司上市；二是，为生物科技公司上市开绿灯；三是，给海外已上市公司来港二次上市开便利通道。这三条里，对京东最具实质性影响的就是同股不同权制度的引入和二次上市规则的放宽，新规的推出为京东集团后续在香港二次上市铺平了道路，京东敏锐捕捉到了这一利好信号。

改革前，香港交易所坚持"一股一票"原则，许多采用特殊股权架构的中国互联网企业只能选择赴美上市。京东早在2014年就因采用AB股结构而不得不选择在纳斯达克上市，因为刘强东借持有特殊投票权股份掌握公司绝对控制权，对于他这是不可动摇的。港交所新规实施后，首次明确允许"不同投票权架构"公司在港挂牌上市，京东赴港上市的最大制度障碍被清除了。同时，新规对二次上市条件也作出重大调整，调整前，二次上市企业需满足在纽交所、纳斯达克等上市满五个完整财年且市值不低于400亿港元两个条件。新规市值门槛调整为100亿港元，取消了五年期限要求，只需要在合资格交易所上市满两个完整会计年度即可。京东在纳斯达克挂牌四年，市值远超标准的大型中概股，完全符合这些新规要求。

更何况，港交所还专门为中概股回归设立了便利通道。新规允许在海外上市的企业保留现有公司架构直接来港第二次上市，无须拆除VIE结构或调整股权架构。也就是说，京东完全可以以最快捷高效的方式完成港股上市。

这些制度变革背后反映的是香港资本市场对吸引新经济企业的迫切需求。在错失阿里巴巴等科技巨头后，港交所决心改革上市制度以增强竞争力。数据显示，新规实施后短短两年内就有超过40家同股不同权或生物科技公司在港上市，募资总额超2000亿港元，京东正是此波改革红利的最大受益者之一。

俗话说"瞌睡有人送枕头"，对京东而言，港股上市规则的修订来得很及时。当时美股市场因中美贸易摩擦等因素波动加剧，回归港股不仅能拓宽融资渠道，还能分散单一市场风险。更重要的是，香港市场更贴近内地投资者，有助于提升京东在华人资本市场的认知度和影响力。于是，刘强东在2019年重启分拆计划时，果断将香港作为资本运作主阵地。

在具体操作上，刘强东展现出了极强的资本运作能力。他敏锐地抓住了港交所上市制度改革窗口期带来的机遇，为京东设计了一条"美股+港股"的双资本市场路径，具体实施上拆分成了三个关键阶段：

第一阶段是制度红利捕捉阶段。港交所推行"同股不同权"上市制度改革的时间是2018年4月30日。2020年6月18日，京东集团完成港股二次上市，成为首批利用新规回港的中概股，京东的反应非常迅速。此时正值中美监管摩擦初现端倪，该举措提前构筑了资本避险通道，为后续中概股回归潮树立了标杆。值得注意的是，京东选择在上市周年时点启动回港程序，既规避了IPO静默期限制，又借势"618"营销热度拉了一波市场关注度。

第二阶段是资本矩阵构建阶段。在港股主平台基础上，刘强东创新性地采用"分拆—上市—反哺"的资本循环模式：2020~2022年间，京东健康、京东物流、京东产发（因特殊原因未上市）等子业务相继完成独立融资。这种"航母战斗群"式的资本架构既保持了集团控制权（通过超级投票权保留76%表决权），又通过股权融资获得超800亿港元资金，巧妙化解了重资产模式下的资金压力。尤其在京东物流上市案例中，刘强东先引入高瓴等战略投资者优化股东结构，再选择港股通标的上市，为吸纳内地资金铺平道路。

第三阶段是风险对冲阶段。2022年3月京东集团被纳入恒生指数成份股，同期获得港股通资格，这意味着其港股已具备替代美股成为主要融资通道的能力。当美国《外国公司问责法》实施导致中概股退市风险加剧时，京东集团于2023年6月完成港股全流通转换。这种"双主场"配置使京东在2023年获得超过200家国际机构增持，相较其他中概股展现出更强的抗风险能力。

刘强东的强势回归和分拆战略的实施，在当时引发了不小的争议。有人甚至认为这是刘强东应对增长压力的操之过急之举。但京东在港股的二次上市，以及京东健康、京东物流的相继上市，都印证了其战略调整的前瞻性和果决性。通过重启分拆战略，刘强东重新确立了其对京东的绝对领导地位，还为京东在日益白热化的电商竞争红海中找到了一条差异化发展路径。

从实业家到投资家

伴随京东产业规模的不断壮大，刘强东的投资版图也在扩张。天眼查显示，目前刘强东拥有实际控制权的企业达944家。其中，收购达达公司和德邦股份尤为引人注目，充分展示了他非凡的投资智慧。

在推动京东子公司独立上市的同时，刘强东敏锐地意识到，仅靠内生增长难以快速构建完整的供应链能力，必须通过战略性收购来补强关键环节。收购达达和德邦正是这一战略思维的体现，这两笔交易不仅快速扩充了京东物流的业务版图，更在资本市场为"京东系"增添了两家上市公司。

京东对达达的收购布局开始于2016年，这一战略动作的核心逻辑是补强京东在本地即时配送领域的短板，同时为未来的O2O业务奠定基础。

当时，京东旗下的"京东到家"业务主打生鲜、商超商品的1小时送达，可自建配送团队成本过高，而达达作为国内最大的众包物流平台（覆盖全国300多个城市，拥有超过130万注册配送员），恰好能提供高效的运力支持，最适合"取彼之长补己之短"。

达达创始人蒯佳祺，也是一位连续创业者，在物流和科技行业摸爬滚打多年。蒯佳祺毕业于美国麻省理工学院，获物流与供应链管理硕士学位，并曾在麦肯锡担任过咨询顾问，专注于交通和物流领域。回国后，他先后在易传媒和安居客（后被58同城收购）担任高管，积累了互联网和O2O行业的经验。2014年，蒯佳祺创立达达，最初定位为"众包物流平台",类似于美国的 Postmates 或 Uber Eats 的配送模式,通过整合社会闲散运力(如兼职骑手),为电商、外卖、生鲜等企业提供即时配送服务。凭借高效的调度系统和灵活的运力网络,达达迅速成为国内领先的同城配送平台之一。

京东与达达的接触是通过红杉资本促成。红杉资本不仅是达达的早期投资方,还在 2015 年领投了达达的 C 轮融资。同时,红杉资本与京东也关系密切,曾投资过京东。京东最初考虑全资收购,但蒯佳祺坚持保持团队独立运营权。最终刘强东接受"合资 + 保留创始团队"的方案。

2016 年 4 月,京东宣布将旗下 O2O 业务"京东到家"与达达合并,成立新公司"新达达"(后更名为达达集团)。京东以京东到家的业务、品牌、流量资源以及 2 亿美元现金换取新公司 47% 的股权,成为单一最大股东,而达达原有团队保留运营主导权。这一合并并非简单的资本合作,而是业务深度整合:京东到家作为流量入口承揽订单,而达达作为配送网络负责末端履约。

刘强东对这一合作的战略定位非常明确:一方面,京东到家的高频消费场景能提升用户黏性;另一方面,达达的众包模式能大幅降低京东在末端配送上的成本压力。他认为,京东的核心优势在于仓配供应链,但在"最后一公里"的即时配送上需要更灵活的运力网络,而达达的众包模式正是最佳补充。

当时就有传闻:京东是不是要涉足外卖市场?很多人并不相信。现在回想起来,刘强东早就在部署外卖业务了。

2019 年,刘强东重回京东后,达达集团开始聘请投行启动上市程序。2020 年 1 月,"新达达"改名为"达达集团",并完成股权结构重组,为赴美上市做准备。5 月 13 日,达达集团向美国证券交易委员会(SEC)秘密递交 F-1 文件,正式启动 IPO 流程。6 月 5 日,达达在美上市,上市首日涨幅收窄至 0.06%,成交额约 3.8 亿美元。这一表现优于当时多数中概股。上市后京东持股比例稀释至约 47.5%,但仍保持最大股东地位;沃尔玛持股约 10.7%。

在美国上市后，京东并未停止整合步伐——2022年2月，京东进一步增持达达，以5.5亿美元现金及战略资源投入的方式将持股比例提升至52%，实现财务并表，达达正式成为京东的子公司。2024年9月，刘强东更是大手一挥，把沃尔玛手里的达达股份全部拿下，全面接盘达达。截至2025年5月，京东持有达达股权达到了63.6%。

从2016年的业务合并到2024年的完全接盘，京东对达达的布局体现了刘强东"长期投资、分步整合"的策略。有别于传统收购的"一刀切"模式，京东先通过业务协同验证达达的终端价值，再逐步加大控制力，最终使其成为京东即时零售生态的关键一环。

在布局达达的同时，为了扩大京东物流战略版图，刘强东还做了一件大事，即收购德邦。德邦物流创建于1996年[1]，在2018年1月16日就已登陆A股（上交所），是中国大件快递和快运行业的代表性上市公司。曾几何时，"三通一达"价格亲民，"京东+顺丰"服务优质，而德邦以其专业的大件寄送服务深得消费者青睐。

京东收购德邦，从初步接触到最终落地历时仅8个月，期间经历了多轮博弈与关键决策。2021年11月，京东物流CEO余睿首次带队与德邦创始人崔维星在深圳秘密会面，这次会晤被德邦内部称为"冬季会议"，成为整个收购案的起点。当时德邦正面临业绩压力（2021年前三季度净利润同比下滑90%），而京东物流刚完成港股上市需要新的业务增长点，双方战略需求高度契合。

余睿在首轮谈判中提出了"战略投资+业务协同"的初步方案，但崔维星更倾向于全面收购以彻底解决德邦的转型困境。据参与谈判的投行人士透露，双方在估值上存在明显分歧：德邦方面基于313亿元的年营收主张估值不低于200亿元，而京东团队基于其净利润率过低（2021年仅0.8%）提出了150亿元左右的估值基准。这一僵局直到

---

[1] 德邦快递1996年创立时名为"崔氏货运公司"。

2022年1月才被打破。

刘强东亲自邀请崔维星到北京京东总部进行"关键一谈"。在这次闭门会议中，刘强东展现了罕见的谈判策略：他不仅承诺保留德邦品牌和核心团队，还提出将德邦作为京东物流大件业务的核心运营平台，这种"战略独立性＋资源倾斜"的双重保证最终打动了崔维星。

价格谈判的转折点出现在2022年3月。京东物流战投团队调查发现，德邦的固定资产（特别是分拨中心和干线车辆）质量远超行业平均水平，其华南地区网络密度甚至高于顺丰快运。刘强东在听取汇报后当即指示："不要纠缠于短期利润，要看到网络战略价值。"他亲自调整收购策略，将报价从每股12.5元提升至13.15元，对应整体估值约170亿元，较德邦停牌前股价溢价35%。这个决策背后是刘强东对物流行业"得网络者得天下"的认知：德邦的2.6万员工和1.4万个网点拿来即用，相当于为京东节省了5年自建时间。

为避免重蹈当年收购拍拍网整合失败的覆辙，刘强东创新性地采用"分步收购＋对赌协议"两步走策略：首期收购66.49%股份实现控股，同时约定若德邦2023~2025年营收复合增长率不低于15%，京东将进一步提高持股比例。这种安排既给了崔维星团队过渡期，又考虑到了业绩承诺的可执行性。值得注意的是，刘强东特别要求将"信息系统100天融合计划"写入协议，协议中约定，交割后三个月内必须完成双方WMS（仓储管理系统）和TMS（运输管理系统）的对接，这种对数字化整合的强硬态度成为后来协同效应快速释放的关键。

2022年7月26日，双方对外宣布并购事宜，行业才意识到刘强东布局之精密：通过这笔收购，京东物流不仅获得了德邦的物流网络，更承接了其与华为、美的等头部制造企业20余年的合作资源。据京东内部测算，若自建同等规模的快运网络至少需投入200亿元和3年时间，而此次收购的实际成本仅相当于自建费用的45%。这种"用资本换时间"的策略，正是刘强东在京东物流独立上市后加速扩张的典型打法。

收购德邦后，刘强东又做了一个决定，令社会对他的好评度再次提升。因反响巨大,后来成了他打击美团的一把利器。这个决定就是把德邦外包员工转化为自有员工,给他们缴齐五险一金,确保他们都能"老有所养,病有所医"。

"自2023年1月1日起,逐步为十几万德邦的兄弟们缴齐五险一金,确保每个德邦兄弟都能'老有所养,病有所医',为兄弟们提供基础保障。过去,德邦的做法虽然合规合法,而且缴纳的五险一金比例远远超过其他同类公司,但依然有很多外包兄弟不能像自有员工一样享受全额五险一金待遇。我们会按照一定条件,逐步把外包兄弟转化为德邦自己的员工!让大家更有保障!"[1]

通过收购达达和德邦,京东集团成功将两家上市公司纳入其生态版图,进一步强化了它在资本市场的布局和供应链领域的控制力。这一系列动作不仅扩大了京东的业务边界,还提升了它的整体估值和资源整合能力。京东通过控股达达,不仅巩固了它在即时配送领域和本地零售领域的竞争力,还获得了一家美股上市公司,便于未来在资本市场进行更多融资或业务拆分;通过控股德邦,京东物流直接将一家A股上市公司纳入囊中,不仅强化了大件物流运输能力,还为它在中国资本市场又增加了一个重要的融资和资产运作平台。京东自身在美股(JD)和港股(HK: 09618)上市,京东物流(HK: 02618)在港股独立上市,再加上达达(美股)和德邦(A股),"京东系"横跨三大资本市场,形成了更灵活而强大的资本运作能力。

---

[1] 出自2022年11月22日刘强东发布的全员信。

坐上第一把交椅

2023年对京东意义重大,刘强东多年期盼的年收入破万亿目标终于达成。财报显示,京东全年收入达10847亿元人民币。

细看收入结构,核心零售仍是主力,贡献约9000亿元。电子产品及家电品类稳增,年销售额破5000亿,3C家电领域的领先地位进一步得到巩固。更让人欣喜的是,京东超市增速达25%,快消品年交易额超2000亿,标志着京东从"家电强"转向"全品类强"的战略取得了阶段性成功。服务收入方面,物流及其他服务收入同比大涨35%,首次突破1000亿元大关,表明京东从"自营电商"转向"开放生态"取得实质突破。尤为亮眼的是,京东物流外部客户收入占比达72%,意味着这项重资产投入已蜕变为具有市场竞争力的强劲的独立单元。

万亿营收背后,是京东打造的强大供应链网络。截至2023年底,京东物流仓库超1600个,含43座"亚洲一号"智能物流园,仓储总面积3200万平方米(约4500个足球场)。这张覆盖全国、辐射全球的网络,支撑起93%京东自营订单当日/次日送达,配送时效和服务质量持续领跑行业。技术投资上,五年研发累计超1000亿元的真金白银的投入,正逐步转化为核心竞争力。例如,京东在江苏常熟的全球首个"无人配送城"实现全场景自动化配送,AI技术在仓储、配送、客服等环节渗透率超80%,大幅提升运营效率。

京东的万亿营收还体现了它服务实体经济的能力。2023年,京东工业品交易规模破800亿，服务超100万家制造企业；京东企业业务为800多万家企业提供数字化采购服务；京东供应链金融累计服务中小微企业超200万家。在乡村振兴方大面，京东全年农产品销售额达3200亿元，带动地方特色农产品销售增长45%，累计帮助100多万农户增收。这些数字印证，京东不仅取得了业绩上的突破，它还深度参与并带动了相关实体经济的发展。

与主要竞争对手相比，京东营收结构特色鲜明。阿里2023财年营收8687亿元，核心商业占69%；拼多多同期营收2476亿，仍以平台服务费为主。京东自营商品收入占比超85%，这种重资产模式利润率虽低，却筑起了更稳固的竞争壁垒。

在2017年的乌镇互联网大会上，马云曾直言："阿里可以培养出更多京东。"他认为京东无法与阿里相提并论。刘强东当着一众记者的面反击道："京东定在5年内超越阿里，成国内第一大电商平台。"昔日豪言曾被视为痴人说梦，但刘强东兑现了承诺。2024年8月5日《财富》世界500强榜单中，京东集团位列第47名，首次超越阿里巴巴（第70位）和华为（第103位），成为中国民企标杆。

与营收突破呼应的是员工规模增长。2023年底京东员工总数突破60万，一线物流和客服人员占比超80%。这个数字远超阿里的21.9万和华为的20.7万。庞大的员工队伍背后是京东对就业和社会责任的担当。2020~2023年经济下行期，京东逆势新增就业岗位超过20万个。值得关注的是，京东物流快递员超80%来自农村，公司为他们提供了行业领先的薪酬福利，包括"五险一金"全覆盖、住房补贴等，这种对基层员工的投入在互联网业实属罕见。刘强东多次强调"员工是京东最宝贵财富"，2023年全员信中他特别提及要确保每位京东人"有尊严地工作，有保障地生活"。京东为全体正式员工（含快递员）缴纳"五险一金"的做法，在互联网行业树立了新的标杆。

对比阿里和华为，更能突显京东模式特色。阿里营收主要靠平台服务和云计算，华为聚焦通信设备和手机，京东则开辟了一条"实体+平台"的混合道路。盈利方面，京东2023年净利润352亿元，虽低于华为的3565亿元和阿里巴巴的4702亿元，但其15%以上营收增速远超后两者的个位数增长。更重要的是，京东模式创造了更大社会价值：通过自营物流和供应链体系，京东帮助数百万中小企业数字化转型，特别是在农产品上行方面，2023年京东农产品销售额破3000亿元，带动超100万农户增收。社会贡献上，京东2023年纳税超400亿，带动上下游产业链超过2000万人就业，指标显著领先同行。特别是乡村振兴方面，京东借供应链下沉推动全国1000多个农业产业带数字化升级，农产品年销售额破3000亿元，这种"以实助实"的做法获得了政府和社会的高度认可。

技术创新能力是京东实现超越的另一重要支柱。尽管华为以研发见长，京东在供应链技术上的投入同样瞩目。过去五年累计超过1000亿元的研发投入，让京东在智能物流、零售科技等领域建立起领先优势。例如，自研智能供应链系统可实时处理千万级SKU库存，将库存周转天数控制在30天以内，这一效率全球领先。AI应用上，京东智能客服年处理咨询超20亿次，准确率95%以上；无人机、无人车配送已在全国数十个城市实现常态化运营。这些技术创新不仅提升了运营效率，更重塑了整个零售行业的服务标准。

资本市场上的表现印证了京东的超越。尽管三家企业市值受多种因素影响而波动，但京东在营收规模、现金流稳定性上的优势，赢得更多长期价值投资者青睐。尤其在全球经济不确定性加剧的背景下，京东以自营供应链为核心的商业模式展现出更强抗风险能力。2023年，京东经营现金流净额达498亿元，充分体现其商业模式健康度与可持续性。

京东登顶中国最大民营企业的意义不仅在于排名变化，更代表着中国经济发展模式的演进。它验证了数字技术与实体经济融合新路径的成功，为其他企业转型提供了范本。随着中国经济发展进入新阶段，强调技术创新、夯实实体根基、平衡商业与社会价值的发展理念正在成为主流，京东的超越恰是这一趋势的最佳注解。

刘强东将京东的"逆袭"归结为"长期主义的胜利"：

> "谁能为客户解决问题，谁就能得到客户的信赖，就能获得更长期的发展。我们坚信，商业的价值不仅靠利润、收入来衡量，在此之上应该有更高的追求，无论是体验的优化、效率的提升，还是成本的降低，我们始终需要为客户、为合作伙伴、为社会回馈价值，也正是这份使命感，引领着京东走到了现在。"[1]

回望京东发展史，自 2004 年转型电商起，刘强东就展现出与当时互联网业追捧"轻资产、快增长"截然不同的定力。2007 年，当多数电商依赖第三方物流时，京东毅然重金自建物流体系，该决策曾遭质疑，但今天看来，正是这种为长期价值牺牲短期利益的勇气，铸就了京东的核心竞争力。京东集团超越华为、阿里巴巴，颠覆了"轻资产神话"：在互联网狂热追求"平台抽佣"轻模式之际，京东用 20 年构建覆盖全国的物流网，支撑起 60 万名享有全额五险一金的员工，重新诠释了商业本质。

---

[1] 出自 2024 年 3 月 29 日刘强东全员信。

第十一章

卸任背后，是以退为进的商业哲学

自2019年起，刘强东逐步完善变更了两百余家关联公司的相关职务，有效减少市场剧烈反应；为了确保依然能够控制京东，他进行了AB股结构优化，从而拿到了78%的投票权，还牢牢掌握京东物流、京东健康等核心子公司的最终决策权；与此同时，他还积极推进权力交接试验，尝试推举徐雷等职业经理人轮值掌权，希望在自己退隐期间京东仍处于稳步增长状态。当京东被拼多多和抖音电商反超后，刘强东果断回归，通过强力手段和倡导"重回创业精神"，力图为京东再造辉煌。刘强东表面退隐，实则通过"影子掌权"模式，在规避风险的同时依然掌舵京东。

"京东自救"的进退之问

一直以来,刘强东在中国互联网行业的每一步举动,都影响巨大。他在一次媒体采访时公开宣告:"京东已经到了制度化、专业化管理阶段,为了公司更好发展,我自愿退出。"他的这番话立刻引发社会强烈关注。

刘强东说到做到。公开资料显示,自 2019 年起,刘强东接连卸任了多家京东系公司的重要职务,其中包括诸如京东数科(后更名为京东科技)、京东物流、京东健康等重要板块的法定代表人、董事长或其他管理职位。到 2022 年,刘强东退出的公司高达 200 余家。刘强东的密集动作,引发外界猜测,大家都很好奇他这么做的动机。

表面看,刘强东的退出是一种"被迫去刘强东化"的过程。他认为:"长期以来,京东和刘强东个人 IP 捆绑太深,公司品牌和创始人 IP 捆绑,是一把双刃剑,对公司发展不完全利好。"因此,他决心逐步减少自己在京东具体业务中的参与程度,抓大放小,淡化在京东治理中的个人色彩。

更深层次的原因或许与中国互联网行业的整体转型有关。2018 年后,中国互联网行业从高速增长转向高质量发展。政府加强了对互联网平台的监管,反垄断、数据安全等政策频频出台,在这新形势下,互联网企业的创始人被迫做出选择,通过退居二线的方式,将权力移交给职业经理人团队,以实现公司的透明化治理。不止刘强东如此,阿里巴巴的马云、拼多多的黄峥、字节跳动的张一鸣等人，都在新政策下一致退居二线[1]。刘强东的退出，正顺应了"豹隐龙藏"的行业大趋势。

就京东自身的生命周期来看，它已经度过了草创期和高速发展成长期，接下来进入稳定发展的成熟期。此时企业的管理确实需要转型，从创始人个人领导转向制度化管理，是必然趋势。刘强东适时退出，可以为京东引入职业经理人管理模式创造机会。例如，徐雷接任京东集团CEO，王振辉、辛利军等高管分别在京东物流和京东健康担任要职。这种管理层迭代，标志着京东从"创始人驱动"向"团队驱动"的转变。管理层的更迭有助于京东建立更加规范的公司治理结构，以应对日益复杂的市场环境。用刘强东的话说：

> "京东管理模式1.0版本的时候，强调的是全员销售，整个都是销售型组织。2.0版本的时候，强调系统流程，这时候京东才是完全意义上的现代化企业。到3.0版本的时候，强调的是2016年提出来的授权机制。"[2]

不过，刘强东的退出并非完全放权。他仍担任京东集团董事局主席，并在战略决策中保持影响力。刘强东的退出主要集中在具体运营管理层面。这种"退而不休"的状态，既保证了公司稳定，又保证了他有更多精力去关注长期布局，如下沉市场、国际化和技术创新。

---

[1] 马云在2019年宣布从阿里巴巴集团董事局主席职位上退休；黄峥2021年3月17日辞任拼多多董事长；张一鸣在2021年5月20日宣布卸任字节跳动CEO一职。

[2] 2025年6月17日刘强东在北京京东总部举行的分享会上详细阐述了京东管理模式的发展、未来战略以及企业责任等话题。

从法律和财务角度，退出高管职位也可能与合规经营及资本运作相关。随着京东业务扩张，子公司有了迫切的独立融资、上市需求，淡化创始人直接参与有利于各业务板块建立更加独立的公司形象。例如，京东物流和京东健康筹备上市时，就需展示独立运营能力，而非依赖母公司或创始人。刘强东退出帮助这些子公司建立更规范透明的治理结构，满足资本市场要求。这种分权模式既合规，也增强了投资者对京东生态的信心。

退出过程也展现了京东管理团队的培养成果。健康企业应不依赖单一个体，而应依靠团队持续运转。京东经多年发展，已培养出能独当一面的管理人才，这为刘强东退出创造了条件。某种意义上，创始人能安心退出日常管理，本身就是企业成熟的重要标志。

当然，退出并非没有风险。创始人突然或大规模退出可能引发市场疑虑。刘强东卸任部分职务期间，京东股价确有波动。2019年11月，当他卸任京东云计算（北京）经理职务消息公布后，京东美股三个交易日累计跌约5.6%，明显跑输纳斯达克指数。2020年4月更显著，当他接连退出多家物流、商贸子公司法定代表人时，京东股价在消息密集期单日下挫7.2%，创当时三个月最大跌幅。交易数据显示，这些关键时点成交量通常放大至日均1.5~2倍，显示投资者存在明显的分歧和调仓行为。值得玩味的是，资本市场对刘强东退出不同业务线的反应差异明显。退出物流、健康等成熟业务管理岗时，市场反应平淡；但退出社区团购、国际业务等新兴板块时，股价波动往往更大。这反映投资者认可创始人在新业务开拓中的不可替代性。2022年刘强东减持京东健康股份期间，该子公司股价单日跌9%，远超集团整体跌幅，就是典型例证。

正如业内人士所说："刘强东的退出就像拆除脚手架——短期内会让人担心建筑稳固性，但真正优质的企业终将证明，它的屹立靠的是坚实结构而非临时支撑。"刘强东本人在内部讲话中预判："资本市场短期会有各种反应，但只要坚持正确的战略方向，最终都会获得合理估值。"数据显示，他退出具体管理岗三年后，京东的机构投资者持股比例、分析师覆盖数量等指标创新高，表明市场已消化管理层变更影响。

宏观角度看，刘强东的退出反映了中国民营企业治理结构的现代化进程。改革开放以来，中国民企多具强烈创始人色彩，但随着企业规模扩大和市场环境变化，建立现代企业制度成为必然。刘强东等互联网创始人的退出，标志着中国民企正经历从"人治"向"法治"的深刻转变。正如管理学者所指出："中国互联网创始人的集体退出，既是对中国特色公司治理道路的探索，也体现了这一代企业家的历史自觉。他们的选择，实际上是在为中国企业探索一条既保持创业精神又建立现代制度的道路。"

总体而言，刘强东从200家公司高管层退出的行为，是多维度、多层次的战略调整。既含个人因素考量，也反映了行业发展的趋势；既是企业治理结构的优化，也是中国民企现代化进程的缩影。

被重用的接班人

2022年4月，京东集团经历了大规模裁员行动，涉及电商、物流和云计算等多个部门。裁员比例超10%，通知中午发布，要求员工当天下午5点前完成工作交接，随后工作账号即被冻结。晚上，京东1号、2号和4号办公大楼灯火通明，员工排号办理离职手续，最晚排到了1000多号。京东内部将"裁员"称为"毕业"，集团创始人刘强东也在"毕业"行列中。4月7日，京东集团正式宣布：刘强东辞去CEO职务。当时未满50岁的刘强东正值壮年，比马云年轻十岁，本应有充足时间施展抱负，却在此刻卸任，消息迅速登上热搜。

刘强东那句掷地有声的话语，似乎还历历在耳：

"我觉得一个企业，如果你要丧失了控制权，你不如把它卖掉，这是我对我一直定的一个底线，如果有一天我丧失了对京东的控制权，我宁愿把它卖掉。"[1]

那么他为何突然放心？原因在于早已物色到合适的接班人，且确保京东决策权仍牢牢掌握在自己手中。

---

[1] 语出CCTV-2财经频道《对话》20160717《"异类"刘强东》。

刘强东选的接班人就是徐雷。选定前，他暗中观察京东四十余名高管长达三年，最终锁定这位"最懂京东基因的叛逆者"。

徐雷的崛起本身就是对京东用人文化的突破。这位戴耳钉、手臂纹身的前摇滚青年，加入京东时就以"非主流"著称。2007年，经投资人徐新推荐，徐雷开始与京东结缘，担任了两年市场营销顾问。2009年，因刘强东一句"我忙不过来，你来负责企业销售吧"，徐雷正式加盟，从基层市场营销做起，后出任京东商城营销副总裁，直接向刘强东汇报，统领市场、品牌及公关等核心业务，成为市场部关键人物。

在京东的十年间，他见证公司飞速发展，贡献卓著。特别是2009至2011年期间，他打造的"京东时间"助京东在电商领域站稳脚跟，实现迅猛增长。2014年，徐雷力排众议，聚焦618促销日，成功打造京东标志性节日，带动了商城销量的爆发式增长。他不仅营销才华出众，公关能力同样出色，曾以一篇自我批评文章平息了知名作家六六的投诉风波，赢得了消费者的信任。

刘强东看中的正是徐雷身上那股混不吝的闯劲。一位京东早期投资人回忆，当徐雷2019年首次以京东零售CEO身份亮相时，刘强东特意嘱咐公关部保留其标志性皮衣造型，"要让外界看到京东的改变"。

交接班过程中的权力过渡堪称教科书级别。刘强东未选择常见的"垂帘听政"模式，而是在2020年起就将人事任免权、预算审批权等核心权限逐步移交徐雷团队。这种看似冒险的放权，实则建立在严密的制度设计之上。

退居幕后期间，京东集团逐步构建并完善了一种高效的集体决策机制：SEC+SDC双轮驱动模式。SEC（战略执行委员会）汇集各业务板块及职能体系负责人，负责将战略规划细化为执行方案，确保有效实施。SDC（战略决策委员会）则由数十位一线业务负责人组成，凭借丰富的实战经验和敏锐的市场洞察力，深入研讨并拍板重大战略决策。这套分工明确、协同作战的机制，让刘强东并不担心京东会因为权力交接会偏离航向。

中国互联网企业权力交接史上，创始人公开为接班人站台并不多见。但刘强东在京东内部高管会议上，曾掷地有声地表态："谁不服徐雷，就是不服我。"徐雷非京东初创团队成员，而是中途加入的"外来者"，且个性鲜明，与传统互联网高管的形象差异较大。此外，京东内部长期存在"老京东人"与"空降派"的微妙博弈，部分高管对徐雷的能力和风格持观望态度。在这样的背景下，刘强东的表态，相当于直接为徐雷扫清了内部阻力。这不仅是对徐雷个人的认可，更是向全公司传递信号：京东接班体系已确立，不容挑战。

京东初创时期，除刘强东外的许多员工学历普通，但徐雷却是个例外。他毕业于中欧国际工商学院，获电子商务管理硕士学位，曾在联想、好耶网等知名企业担任要职。出身部队大院的徐雷，在京城社交圈中积累了丰富的人脉资源，这些优势都为他赢得了刘强东的青睐。刘强东提倡"兄弟文化"，重视基层员工权益；而徐雷恪守规矩，推崇制度化和执行力。可这并不影响刘强东对徐雷的认可，他一直对徐雷的工作表现赞誉有加，甚至罕见地在内部会议上公开表示，徐雷比自己更懂现代企业管理，京东需要这样的领导者。

徐雷正式接棒后，面临多重挑战：宏观经济下行，消费市场疲软，京东增长压力加大；拼多多持续增长，抖音电商快速崛起。难得的是，当阿里、腾讯等巨头增速放缓甚至负增长时，徐雷掌舵的京东在行业寒冬中仍保持9%的营收增长。

刘强东时代的京东以"强控制"著称，从自营电商到自建物流，商业模式建立在"闭环"基础上。但徐雷上任后，推动了一系列开放改革：京东物流向第三方全面开放，承接外部商家仓储配送需求，从成本中心转向利润中心；供应链对外赋能，帮助品牌商和中小企业优化库存管理，甚至与抖音、快手等平台合作，提供电商基础设施；"小时购"即时零售业务加速扩张,与达达集团深度整合,抢占本地生活市场。这些举措让京东不再仅是"卖货的公司",而是转型为"零售基础设施服务商"。徐雷曾表示:"未来的竞争不是京东 VS(对抗)阿里或拼多多,而是看谁能更好地服务整个零售生态。"这一战略思路,显然比单纯规模扩张更具长期价值。

徐雷的成功证明:最好的接班人,不是创始人的复制品,而是能根据时代变化调整战略的掌舵者。刘强东选择徐雷,不是因为他像自己,而是因为他能带领京东在新市场环境下走出不同道路。

徐雷的出色表现,不仅印证了刘强东的用人眼光,也为中国民企代际传承提供了范本——真正的交接班,不是权力的简单转移,而是企业生命力的延续与进化。

在徐雷的精心管理下,京东发展势头强劲。然而出人意料的是,2023 年 5 月 11 日这个电商销售旺季的关键时刻,京东在港交所发布了一则重磅消息:集团 CEO 徐雷因个人原因主动辞职并获批准,许冉接任新 CEO。外界纷纷猜测,徐雷离职并非简单"退休"。

事实确实如此。虽"退休",徐雷并未完全离开京东,而是转任京东集团顾问委员会首任理事长,角色类似"编内军师",意味着他仍将在京东未来战略决策中发挥重要作用。

表面看徐雷离开是"个人原因",但结合京东近年战略调整和刘强东动向,这场交接更像精心安排的"权力轮转":徐雷的退,是为刘强东的进。徐雷在任期间的核心任务,是让京东在行业寒冬中保持稳健增长,推动组织年轻化、战略开放化。他成功完成了使命,自然到了功成身退的时候。回顾徐雷在京东的辉煌历程,处处可见刘强东在背后的支持。徐雷能大胆改革京东,很大程度上得益于刘强东的坚定支持。换言之,刘强东可以授权,但从未彻底放手。

需特别说明的是,刘强东并非吝于放权的人。京东内部流传一个故事:2008 年加入,曾负责生鲜业务和自有品牌的王笑松,早期曾面对一笔 500 万的预付款，尽管他拥有相应的签字权，却有点犹豫不决，鉴于当时公司规模，这笔款数额不小，他向刘强东请示，刘强东回复他：按规定行使签字权。另一例证是，2010 年起，京东大量引进外企职业经理人担任高管，包括 2011~2016 年任 COO 的沈皓瑜、2012~2015 年任 CMO 的蓝烨，以及 2012~2019 年负责人力资源和法务的隆雨。刘强东对这些高管很信任，日常工作，从不过问过程，只关注结果。

刘强东对权力的收放，完全取决于京东发展的需要。随着拼多多迅猛增长，抖音电商快速崛起，中国电商行业正经历新一轮残酷竞争，此背景下京东需要更强领导者应对挑战。那个人必须是刘强东。只有他回归，才能提振股价，让资本市场对京东重拾信心。

因此徐雷此次"退休"隐居幕后，更像精心策划的"二人转"，目的是引出刘强东，让他从幕后走向台前，继续引领京东迈向更辉煌的未来。

重塑京东

事实上，刘强东的"强势回归"，早有草蛇灰线的伏笔。

2022年12月，人在美国的刘强东，自曝染上了新型冠状病毒。他在某社交平台上大方分享了自己的患病感受，并且贴心地告诉大家，不必为患上病毒而过度恐慌。他甚至列出了建议清单，呼吁多吃新鲜瓜果蔬菜，多喝水，这样就可以快速好转。这是他第一次在网络上试水，见广大网民对他的态度很认可，便有了回国的打算。2023年初，随着国内疫情稳定下来，经济开始复苏，刘强东便低调回国，为接下来的复出做准备。

刘强东回国后，悄悄主持过几次京东内部战略会议。就连2023年4月的最大组织变革会议，刘强东也深度参与了。像业务拆分、高管轮岗等重要决策，都是由他拍板定下的。在不被媒体关注的几个月内，刘强东悄悄拿回了京东的执政大权。随后爆出的徐雷离职消息，在内部早已是既定事实。

不过，刘强东此次"复出"，目的不是为了所谓的"夺权"，而是为了带领京东打硬仗而来。

2022年冬天，刘强东之所以紧急回国，是因为京东已然面临生死攸关的挑战。三年疫情，外加经济下行，整个消费市场萎靡不振，身在寒冬期的京东，第一次感受到了森森寒意。自身发展受挫的同时，又遇到了拼多多、抖音电商等"外患"挑衅。为了应对新势力的"地盘"

袭击,京东投入巨大成本,推广京喜拼拼,无奈"强弩之末,势不能穿鲁缟",京喜拼拼根本就抵不过拼多多的强势攻击,很快处于亏损状态。与此同时,抖音电商也袭击了京东的大本营,3C品类被抢走了很多业务。另外,京东赖以自豪的物流优势,也在被各方势力快速蚕食。比如,极兔快递的蚕食,就让拼多多在物流体验上快速积累口碑。数据显示,2021年拼多多72小时送达率,已经逼近京东,这让京东坐立不安。2022年"618大促"期间,京东彻底败下阵来。营销费用暴涨40%的前提下,京东核心品类3C家电的GMV却大幅下滑。财报数字过于难看,导致京东股价创下上市以来最大单日跌幅。资本市场的反应让刘强东不得不复出,率领京东转型。

雪上加霜的是,京东内部也出现了许多问题。疫情期间,京东业务没有增长,但员工总数却突破36万,一个民营企业,却患上了严重的"国企病"。一个让刘强东火冒三丈的案例是,一个区域促销方案,竟然需要八层审批!因为审批时间太久,错过最佳促销档期。刘强东看到内部流程审计报告时,非常生气地表示:"这群人是要把京东变成国企呀!必须整改!"

比审批更让他上火的是,公司内部会议成灾。其中,京东中层管理者每天用于处理业务的时间不足30%,大多数时间都用在开会和会后审批上了,他们平均每天出席4.2个会议,审批11.7份文件,这比国企领导都夸张。

最让刘强东痛心的是,在他隐退的这些日子,京东开始出现"决策空心化"现象。尽管这些管理层每天都在开会和审批文件,但重大战略没有人牵头制定,在无休止的流程内耗和人事斗争中,京东正走向极度危险的境地。

可以说,在刘强东隐退的这三年,京东就像一艘装备依然精良但方向失控的巨轮。尽管拥有无可比拟的物流设施、难出其右的供应链体系、忠心不二的核心用户群,京东却在激烈的市场竞争中被悄然超越。

这种内外交困的局面，不是突发灾难，而是日积月累使然。

正是在如此艰难的情形下，刘强东才被迫重新回到了京东。如此危险的局面，也只有他这位经历过中关村"群雄争斗"、2008年金融危机、2012年价格大战的创始人，才能破解。他的回归，不是对权力有瘾，而是带着使命而来，对京东最熟悉的他，必须来一次大手术——在为京东切除发展肿瘤的同时，找到新的战略定位。

刘强东上任后的第一个大动作，就是推出"百亿补贴"计划。这个内部称为"闪电战"的计划，从决策到上线，用了不到一个月的时间，足以证明刘强东是有备而来。

2023年3月，人们惊奇地发现，在京东APP首页最显眼的地方，有一个红色醒目的提示，也就是"百亿补贴"入口处。点进去更为惊喜，像苹果手机、茅台酒、戴森电器等高奢产品的价格，居然和拼多多一模一样。大家这才意识到，那个"价格屠夫"刘强东真的回来了！"百亿补贴"代表着他对京东的战略调整——回归零售本质。

> "回溯过去，京东几乎是从零起步，一次次绝处逢生，靠的不是什么高深理论，靠的就是对成本和效率的优化，打造最极致的产品、价格和服务。这条最简单的经营理念，也是全球商业几百年来优胜劣汰的原动力。"[1]

"百亿补贴"计划虽然不是什么新招数，但效果立竿见影。数据显示，活动期间，京东线上业绩同比增长35%，获客率达到42%。更重要的是，它向同行们释放出一个强烈信号：京东要通过打价格战的方式，拿回被蚕食的市场。

---

[1] 刘强东2023年新春贺信中语。

刘强东打响第一枪后，京东股价迅速上涨18%，创下近年来最大涨幅。在价格大战期间，刘强东亲力亲为。一位京东中层透露："每个品类的补贴力度都是东哥亲自监督定下的，有时候他还会半夜在群里发起讨论，让每个人就价格策略发表看法……总之，那种久违的早期狼性文化又回来了。"

但刘强东清楚，只靠补贴措施是没法治本的。京东发展最大的阻力在于组织活力退化。京东快速扩张期诞生的大企业病，正在侵蚀京东的肌体健康。刘强东必须痛下狠手。

2023年春节刚过，上万京东人，立马感受到了刘强东的铁腕力度。刘强东取消了京东沿用多年的P级职务体系，"一刀切"的大举措下，京东的金字塔组织秒变扁平化架构。一位好不容易熬出头的京东老员工痛惜地表示："过去我们升一级得熬几年，现在能力强的人却可以直接担纲重任，变化实在是太大了。"

刘强东主导的人事调整显然是针对管理层。先是原京东健康CEO金恩林接任了京东零售CEO辛利军的职务，接着传来京东物流CEO余睿被新面孔接棒。余睿的离职，让人们看到了刘强东的洗牌力度。在人人自危的时刻，刘强东斩钉截铁地表示："京东现在需要的是能打仗的将军，而不是守成的官僚！"

基层员工也未能幸免，过去的激励体系也被重新调整。在刘强东的命令下，京东快递员薪酬开始与绩效直接挂钩。最厉害的快递员可拿到2万元的月薪。变革的受益者可能是技术人员，他们的项目奖金提高了比例，核心成员还能拿到利润分成，这在以往是不可能的事情。这些激励措施，很快就见效了。2023年"618大促"期间，京东终于挽回颜面，物流妥投时效和线上成交量双双创下新纪录。

正所谓攘外必先安内，刘强东回归，在完成内部变革之后，便积极推动京东战略转型。他清醒地意识到，GMV增长为王的时代落下了帷幕。"京东需要的是有质量的增长。"在这一思想指导下，京东所有业务线开始了严酷的投入产出比自查。重新评估的结果就是，国际业务大幅收缩，京喜频频关停，核心品类和优势区域得到大力扶持。

业务调整最艰难的环节是成本控制。刘强东亲自督导，要求每个部门给出详细的预算和裁减计划。据京东人内部爆料，旺季投入500万元市场活动经费，过去再正常不过，但刘强东却要求缩减一半，理由是："钱要花在刀刃上。"在刘强东的强力削减之下，京东在营收增长7%的前提下，靠着成本控制，实现了80%的净利润增长。资本方对刘强东的这份成绩单甚为满意。

京东的核心竞争力一直在供应链上，为了保持这个优势，刘强东使出了杀手锏。他创新推出"链网融合"战略，通过整合物流与供应链，将库存周转天数一降再降，让"211限时达"服务覆盖率一升再升。

总之，随着刘强东的回归，京东从组织到业务都实现了大变革。这背后离不开刘强东对京东狼性文化的重塑。京东赖以生存的"客户为先"价值观，随着他的退隐变得模糊，随着他的回归又被重新强调。刘强东要求所有习惯坐办公室的高管，必须杀回一线，每周至少抽出半天时间应对客户投诉，倾听前线声音。管理层更显著的改变是决策效率提高了，举个例子，京东"小时购"业务，从立项到全国推广，只花了两个月时间，这种决策速度前所未有。

刘强东回归后的一系列操作，让外界看到了一个满血复活的京东：2023年京东活跃用户数突破6亿，核心零售业务利润率提升3.7%，股价上涨65%。刘强东的强势回归，让我们看到，真正的企业家精神，不在于永远站在台前，而在于企业需要时能够挺身而出。

"AI 数字人"之路能否走得通？

2024 年 4 月 16 日，刘强东以一种崭新的方式正式出现在公众视野——他通过 AI 数字人的形式在京东官方直播间卖货。熟悉的人都知道，刘强东出手，必然冲着解决社会痛点而来。那么，刘强东以 AI 数字人的方式回归，背后有什么深层动机呢？这就吊起大众的好奇心。

事实上，以 AI 数字人的身份亮相，是京东精心策划的品牌营销。2024 年，电商行业竞争愈演愈烈，一向富有成效的价格战也越来越打不起来了，技术创新成为电商直播争夺赛的关键。京东通过展示 AI 数字人技术，是为了向市场和消费者传递一种信号，京东在 AI 应用落地技术上已经取得领先优势。刘强东团队这么做的目的很明显，一是提振投资者的信心，二是在消费者心中强化"科技京东"形象。

在直播电商成为社会热潮的时代，企业家亲自下场带货，并不鲜见。比如，雷军、周鸿祎等人，一场直播的带货量已经达到惊人的地步。但是，大家也不得不承认，让企业家来直播带货，在时间和精力上都是巨大的浪费。京东在这时候推出企业家数字人直播模式，是对"创始人 IP"商业价值的重新定义。AI 数字人的好处是，它可以 7×24 小时一直直播，实现企业家 IP 的"永续经营"，解决企业家精力局限问题。这种创新模式，与刘强东早年"效率优先"的理念一致。

刘强东 AI 数字人的出现，的确是刘强东降本增效的产物。AI 数字人的背后，是京东在计算机视觉、语音合成、自然语言处理等多领域前沿技术的不懈努力。它的亮相,代表着刘强东用科技提升效率、在直播红海中跳出的决心。

然而,AI数字人能否走通商业化道路,仍需要克服多重阻碍。首先是技术瓶颈,通过"数字人刘强东"的直播表现,人们还是能感受到违和感,毕竟"数字人刘强东"的表情变化、临场反应,与真人刘强东,是无法媲美的。其次是成本问题,造出一个既保真又智能化的数字人,投入比一般人想象的要大,而且要研发和维护。对于大多数企业而言,AI数字人的门槛过高。不过,这两点倒是显示出了京东的厉害之处。

AI数字人直播最大的挑战来自消费者。消费者对数字人的态度两极分化明显:年轻一代的消费者觉得新奇有趣,乐于接受;而年长而守旧的消费者,则因为"本能恐怖",持排斥态度。如何让AI技术创新被更多用户接受,是京东AI数字人商业化实践的核心难题。

虽然存在挑战,但刘强东对AI数字人拯救电商领域寄予厚望。第一,"永不疲倦"的数字人直播,可以大幅降低人力成本;第二,可以更加精准推荐,基于用户数据的AI数字人,有一个很大的优势,它可以实现"千人千面"的一对一互动,从而提升转化率;第三,真人直播可以给品牌带来很大的风险,一个口误可能给京东带来无法挽回的损失,但数字人形象完全可控,从而避免直播灾难。

AI数字人最大的好处是,它可以突破电商直播的"规模瓶颈"。过去,电商平台过度依赖少数头部主播,成本高效率低,好不容易扶持的大网红随时会翻车,想规模化复制更是难上加难。如果技术足够成熟,数字人可以实现无限复制,让每个平台、每个品牌甚至每个商品,都能拥有理想的数字直播人。

刘强东这么做,并不是要干掉真人直播带货,他本人从来不排斥"直播带货"。不与趋势为敌,是他的一贯原则。因为京东在直播上多次碰壁,所以他一直在"暗度陈仓",尝试用技术改变直播带货的种种弊端。

很多人不知道，京东很早就涉足直播领域了。早在2016年，京东便建立了自己的直播业务板块，几乎与淘宝同时起步。当时，直播电商刚刚抬头，刘强东笃定其潜力巨大，就在2016年11月，花重金邀请知名网红罗永浩，在京东做直播。为了显示诚意，京东举办了一场引人注目的"老罗专场"活动。然而，这场直播虽然吸引了大量观众，但并没有取得理想的销售成绩。随后京东又找了一些名人，效果依然不理想，这让京东对自己做直播失去了信心。

2019~2020年，直播电商风生水起的时候，京东因为刘强东的缺席，没有像淘宝、抖音、快手一样大手笔投入，导致更加掉队了。看到同时起步的淘宝直播，凭借超级网红的示范效应快速崛起，京东终于按捺不住了，开始加大投入，直接上线"京东直播"频道。

2020年5月，"京东直播"又花重金邀请家电行业的两位重量级人物——董明珠和王自如，高调重启直播带货。两位的联合发力，在京东直播首秀上创造了7亿销售额，让京东对直播恢复了信心。然而，董明珠和王自如后面又带来灾难性的流量反噬。

于是，7月京东又邀请著名歌星汪峰来做"京东秒杀首席直播官"。在各种造势下，汪峰直播首秀的带货总额超过了2亿元。京东再拾信心，在随后的"双十一"购物狂欢节期间，重金邀请300多位明星捧场，还举行了500多场创意总裁直播，这些大动作展现了京东在直播电商领域的强大实力。

不过，这些声势浩大的营销活动，并没有给京东直播带来持久影响力。这些明星和总裁个人所带来的流量，并没有转化为京东的粉丝。这些吃力不落好的大动作，让京东逐渐放弃依靠头部主播发展直播的路子。

2022年，中国直播电商市场达到了恐怖的3.5万亿元规模，显示出强劲的增长势头。虽然京东在直播队伍中落单了，但抖音、快手、淘宝三家却越做越大，微信视频号、B站等新势力也纷纷跟进，直播行业一时间气势如虹。

京东本来不打算在这块发力了，无奈别人并不打算放过它。各大平台直播业务越做越广，不知不觉间就手伸到了京东的主业务——3C电子领域。它们直播间的"低价"攻略，对京东构成了巨大威胁。罗永浩和李佳琦这种大主播的影响力，让京东不得不重视。比如，美妆达人李佳琦在2022年"双十一"期间，就将3C产品带入了直播间，同款洗烘一体机，李佳琦直播间的价格比京东直营高出500多元，却售出4000多台，如果他再搞特价，后果可想而知。李佳琦开了个头，随后越来越多的大主播开始带货3C产品，让本来就增长乏力的京东无限头疼。

直到此时，刘强东和京东不得不调整策略，重新拥抱直播。在2022年底的京东内部信中，刘强东批评高管"偏离了成本、效率、体验的经营理念"，要求重拾低价策略：

"低价是'1'，品质和服务是两个'0'，失去了低价优势，其他一切所谓的竞争优势都会归零。"[1]

重拾低价策略被视作重新拥抱直播的强烈信号。毕竟，京东低价也低价不过下沉电商的直播间。刘强东在内部会议中明确强调，"直播必须成为京东的常态化能力"，并且千方百计做出京东的直播特色，以应对抖音、快手的竞争。

2023年，京东推出"百亿补贴"直播专场，再次邀请罗永浩等主播加入。在同年11月的京东财报会议上，徐雷透露："刘总（刘强东）支持我们通过直播等形式，触达更多下沉市场用户。"这间接反映了

---

[1] 语出2022年11月底刘强东回归后的内部发言。

刘强东对战抖音、快手的决心。

此次刘强东以 AI 数字人形式现身京东直播间,这一举动被外界解读为他对直播带货的大胆创新。不再盲目跟风走"网红直播带动平台直播"的路线,而是探索 AI、供应链结合的高效自营模式,这是京东痛定思痛后的勇敢尝试。面对直播行业乱象,刘强东再次出拳了。他的数字人尝试,更大的意义在于向网红直播叫板。虽然目前的数字人技术还不够成熟,但京东直播的方向已经明确。刘强东相信,正如电商平台从最初被排斥到后来被依赖一样,AI 数字人也必将从不被看好的"新奇玩具"到成为"商业基础设施"。

数字人直播,既是刘强东的"花样"复出,又是一次技术实力的展示,更是一场革命性的商业实验。究其本质,是刘强东旨在解决高坑位费、高佣金的直播行业乱象,还利于商家、带实惠给消费者的大胆尝试。

京东外卖"利润率不超过5%"

刘强东改变行业乱象的脚步,似乎永不停歇。时隔一年,他又重拳出击,引发全民热议。

2025年4月9日,一场原本看起来很平常的午餐会,瞬间吊起了网民的兴趣——蔚来汽车创始人李斌与刘强东,居然一起在京东总部吃起了外卖。吃完外卖,刘强东简单试驾了蔚来最新旗舰轿车ET9,就现场下单。这顿饭被网友幽默地称为"价值80万的盒饭"。

李斌在视频中一再替网友确认:"京东真的要做外卖啦?"

刘强东毫不犹豫地回答:"真的!"

很快,4月21日,一张照片再度引发全民关注。照片中,刘强东身穿外卖骑手的制服,骑着电动车赶往北京某小区送餐。这让人们意识到,京东进军外卖领域,是动真格了。

刘强东随后证实了这一消息,并表示京东入局外卖行业,就是要解决外卖行业长期存在的"二选一"问题,以及骑手权益无法得到保障等沉疴。

虽然刘强东振振有词,但此举依然被外界普遍解读为"京东向美团外卖发起正面挑战"。刘强东没再做过多解释,但很快他在2025年的一段内部讲话内容就流露出来了,其中刘强东的一段话非常有感染力:

"京东外卖永远赚的净利润不允许超过5%。超过5%，我要处分人的。我们一定要在行业里面，按照三毛五的理论，来约束自己的赚钱能力、赚钱欲望。"[1]

因为讲话内容发生在前一年，又有了刘强东"早就对美团外卖长期高佣金看不顺眼了"的传言。刘强东的话之所以这么有"杀伤力"，是因为外卖行业确实存在各种问题。但最重要的是，它的业务越做越广，成为电商竞争的新焦点。外卖战场，充斥流量争夺、高频消费习惯争夺、物流竞争、本地生活服务的市场争夺。

对于京东而言，进入外卖市场，与其说是争夺战，不如说是防御战。随着即时零售成为电商行业的新增长点，美团外卖开始屡屡"侵袭"京东大本营。先是在即时配送发力，接着又从餐饮外卖扩展到全品类零售，既挑战京东的"物流老大"地位，又直捣京东3C"老巢"。在这种竞争环境下，京东如果再不进军外卖市场，必将失去高频消费场景的竞争优势。因此，京东必须通过主动进攻的方式，来巩固自己的地位。

当然，京东进军外卖市场并不全是自我防御。近年来，京东面临增长瓶颈，传统电商业务已经找不到新的突破点，急需寻找全新的增长点。而本地生活服务市场，尤其是外卖行业，让京东看到了新希望。仅仅外卖行业，市场规模就高达万亿，如果再加上酒店、旅游等业务，本地生活服务市场前景一片光明。

---

[1] 语出2024年的一段内部讲话，而不是致全体外卖员的一封信。

外卖行业的痛点越来越明显——高佣金让商家不堪重负，高配送费让消费者日渐不满。路见不平一声吼，该出手时就出手。面对这种行业乱象，刘强东一直在"憋大招"，酝酿着重拳出击。

刘强东做过调查，美团外卖的佣金高达20%，大部分商家利润微薄，美团抽走高额佣金，他们基本上就赚不到钱。但是，碍于美团的一家独大，他们敢怒不敢言。刘强东提出"利润率不超过5%"，等于直接对准了美团的命门，所以美团外卖一时间沉默以待。而京东则趁着美团外卖无力反击的空间，以低佣金策略吸引商家入驻，以解决社保承诺吸引外卖员加盟。

刘强东的策略，体现了他一贯的经营哲学——规模优先于短期利润。砸钱做外卖，短期内难以回本，但刘强东却执意这么做。回顾京东发展史，从早期自建物流到电商价格战，刘强东始终坚信，只要先做大规模，后面的盈利就是水到渠成的事情。这种长期主义思维，再次被应用在外卖业务上。刘强东已经算好账：先用低佣金吸引商家，再通过规模效应降低成本，最终实现良性循环。

外卖市场已经被美团和饿了么两大巨头瓜分殆尽，作为后来者，京东必须采取强有力的竞争策略。价格战被京东反复使用过，也被验证过，是最直接有效的手段。通过让利商家和消费者，京东可以快速打开市场。刘强东很清楚，只要抢占了外卖这个入口，后期一定能"找补"回来。

当然，美团绝对不会任由京东肆意挑战。事实上，美团在等待京东风头过去，然后在京东重点布局的城市发起针对性反击，比如加大补贴力度、提高商家独家合作优惠等，用京东的套路反过来对付京东。说到底，这是一场持久战。京东能否在这场持久战中坚持到最终盈利，将考验刘强东的决心和京东的资金实力。

外卖之战，本质上是互联网巨头对"最后一公里"话语权的争夺。透过外卖业务，我们可以看到刘强东对京东未来的整体规划。他正在构建一个覆盖电商+物流+即时零售+本地生活服务的完整商业生态。在这个生态中，各个业务板块相互协同，形成强大的网络效应。外卖业务虽然利润率低，但能够为京东带来宝贵的流量，进而反哺其他高利润业务。

刘强东的野心不止于外卖。京东正在筹备更多本地生活服务，比如到店餐饮、酒店旅游等。这些业务将与外卖形成合力，共同挑战美团的霸主地位。一位京东内部人士表示："刘总（刘强东）希望把京东打造成中国最大的零售基础设施提供商，外卖只是其中的一块拼图。"

值得注意的是，刘强东选择在此时发力外卖，也与京东的战略调整有关。刘强东不止一次在内部强调："京东需要回归初心，聚焦客户价值。"外卖业务正是这一理念的实践。

京东外卖的推出，是刘强东在互联网行业存量竞争时代的一次大胆尝试。低利润策略看似激进，实则深思熟虑。它既是对行业痛点的精准打击，也是京东生态布局的关键一步。尽管前路充满挑战，但这一举措已经搅动了沉寂多时的外卖市场，为商家和消费者带来了新的选择。

刘强东的这次出手，再次展现了他敢于改变行业现状、挑战行业巨头的勇气。无论最终结果如何，京东外卖的出现都将促使整个行业重新思考商业模式和价值分配。在这个意义上，刘强东和京东已经取得了初步成功。

即时零售之战，刚刚打响第一枪，未来的市场竞争将更加激烈，但有一点可以确定：在刘强东的字典里，从来就没有"不战而降"这四个字。未来，随着刘强东的彻底回归，"商战"注定不会少，哪里有乱象，哪里就会有他的身影。

　　京东的未来依然充满变数，但可以肯定的是，京东的故事只会更加精彩。因为，刘强东一回归就赢得了民心，在万众期待中，京东必须负重前行，再上一个新台阶。

附 录

大事记

1992年	刘强东高中毕业于江苏宿迁中学;同年8月底,刘强东以高分考上中国人民大学。
1996年	毕业于中国人民大学社会学系,毕业后在一家外资企业工作了两年,历任电脑技术员、业务员、物流主管等职。
1998年6月18日	刘强东在中关村创业,成立京东公司。
2001年6月	京东成为光磁产品领域最具影响力的代理商,销售量及影响力在行业内首屈一指。
2003年	刘强东在北京城里拥有12个门店。大环境的契机下,刘强东接触到了电子商务,决定把线下所有的门店全部关闭,全面发力线上。
2004年1月	京东涉足电子商务领域,京东多媒体网正式开通,启用域名www.jdlaser.com。
2004年7月	京东在全国首创即时拍卖系统——京东拍卖场正式开业。
2005年11月	京东多媒体网日订单处理量稳定突破500个。
2006年1月	京东宣布进军上海,成立上海全资子公司。

2006年6月	京东开创业内先河，全国第一家以产品为主体对象的专业博客系统——京东产品博客系统正式开放。
2007年5月	京东全力开拓华南市场，在广州成立华南分公司。
2007年6月	京东正式启动全新域名www.360buy.com，并成功改版，从曾经命名为京东多媒体网的网站www.jdlaser.com，正式更名为京东商城。
2007年8月	京东获得今日资本1000万美元投资后，开始在北京、上海、广州三地自建物流。
2007年10月	京东在北京、上海、广州三地启用移动POS上门刷卡服务，开创了中国电子商务的先河。
2008年1月	京东商城获得易观国际授予的"2007网上3C产品零售领先服务商"荣誉。
2008年6月	京东上线电视、空调、冰洗等大家电产品线，完成了3C产品的全线搭建。
2009年1月	京东获得来自今日资本、雄牛资本以及亚洲著名投资银行家梁伯韬先生私人公司共计2100万美元的联合注资。这是2008年金融危机爆发以来，中国电子商务企业获得的第一笔融资。
2009年2月	京东获得商务部发放的"家电下乡"零售商牌照，成为首个承担家电下乡任务的电子商务企业。

2009年10月	京东呼叫中心由分布式管理升级为集中式管理，且由北京总部搬迁至江苏省宿迁市。
2010年3月	京东推出"211限时达"极速配送，引领并建立了中国B2C行业的全新标准。京东商城收购韩国SK集团旗下电子商务网站千寻网（qianxun）。
2010年6月	京东商城开通全国上门取件服务，彻底解决网购的售后之忧。
2010年8月	京东商城在北京市正式推出家电以旧换新业务，京东商城成为首批入围家电以旧换新销售和回收双中标的电子商务企业。
2010年11月	图书产品上架销售，实现从3C网络零售商向综合型网络零售商转型。
2010年12月23日	京东商城团购频道正式上线，京东商城注册用户均可直接参与团购。京东开放平台正式运营。
2011年2月	京东商城iPhone、Android客户端相继上线，启动移动互联网战略；京东商城上线包裹跟踪（GIS）系统，方便用户实时地了解追踪自己的网购物品配送进度。
2011年3月	京东商城获得ACER宏碁电脑产品售后服务授权，同期发布"心服务体系"，开创了电子商务行业全新的整体服务标准。

2011年4月1日	刘强东宣布完成C2轮融资,投资方俄罗斯的DST、老虎基金等六家基金和一些社会知名人士融资金额总计15亿美元,其中11亿美元已经到账。
2011年5月	重启千寻网,上线运营。
2011年7月	京东商城与九州通联合宣布,京东商城注资九州通医药集团股份有限公司旗下的北京好药师大药房连锁有限公司,正式进军B2C在线医药市场。
2011年10月	京东商城订单总量突破1亿。从第1个订单到总订单数破亿,京东商城用了7年时间。
2011年11月	京东商城集团旗下奢侈品购物网站360Top正式推出,高调进入奢侈品领域。
2012年1月	京东在线客服正式上线,在网站访客与京东之间搭建起全新的即时沟通渠道。
2012年2月	京东商城酒店预订业务上线。京东商城集团正式启动电子书刊业务,销售平台与智能手机/PC阅读客户端软件同步上线。
2012年3月	京东商城上线火车票预订频道。
2012年5月	京东商城开放服务JOS上线(jos.360buy),标志着京东商城系统的全面开放;京东商城集团旗下日韩品牌综合类网上购物商城——迷你挑正式上线。

2012年8月	京东向苏宁"宣战"。刘强东召开发布会称,这场京东苏宁大战将是电商行业最大的一场战争,双方竞争的关键点在于供应链、彼此资金总量及供应商关系。
2012年10月	京东商城开通英文网站(海外站),开拓西方市场,迈出国际化重要一步;京东完成对第三方支付公司网银在线的完全收购,正式布局支付体系;京东完成第六轮融资,融资金额为3亿美元。该笔融资由加拿大安大略教师退休基金领投,京东的第三轮投资方老虎基金跟投,两者分别投资2.5亿美元和5000万美元。
2012年11月	京东上线供应链金融服务"京保贝",可以实现三分钟向供应商提供融资服务。京东正式开放物流服务系统平台。
2013年2月	京东完成新一轮7亿美元融资,投资方包括加拿大安大略教师退休基金和沙特亿万富翁阿尔瓦利德王子控股的王国控股集团以及公司一些主要股东跟投。
2013年3月30日	京东去商城化,全面改名为京东,随后更换LOGO,启用JD域名,并将360buy的域名切换至JD,推出名为"Joy"的吉祥物形象。
2013年4月23日	京东宣布注册用户正式突破1亿。

2013年5月	京东推出"夜间配""极速达"等配送服务，树立电商物流配送的新标杆。京东超市业务上线。
2013年6月	京东推出电商云的四大解决方案：宙斯、云鼎、云擎、云汇。京东开出中国电子商务领域首张电子发票。京东在北京、沈阳两地成功投放自提柜业务，消费者可24小时随时取货。
2013年7月	成功举办京东首届开放平台合作伙伴大会，京东成立金融集团。
2013年9月	京东发布首份企业社会责任报告，提出"五为"理念。
2013年10月	京东调整会员体系，推出"京豆"。京东首次面向海外招聘国际管培生。京东在自营家电品类率先推出"30天价保，30天只退不换，180天只换不修"特色服务承诺，远超国家三包法规定。
2013年11月	京东发布JDPhone计划，整合产业链为用户打造最佳性价比手机。京东获基金支付牌照。京东正式推出"退换货运费险"，是电商业界首次退换货"双保险"。京东与太原唐久便利店合作上线O2O项目。
2013年12月26日	工业和信息化部公布批准通过2013年移动通信牌照审核企业名单，京东集团正式获得虚拟运营商牌照，成为国内获得批文的企业。

2014年1月	京东西北大区正式启动运营,京东率先试行新消法;京东携手数十家潮流品牌召开以"尚·京东"为主题的2014春夏时尚新品发布会;京东向美国证券交易委员会(SEC)呈报了拟上市的F-1登记表格,美银美林和瑞银证券为主要承销商。
2014年2月	京东推出首个互联网金融信用支付产品:"京东白条"。
2014年3月	腾讯港交所公告,同意以约2.15亿美元收购京东3.5亿多股普通股股份,占上市前在外流通京东普通股的15%。同时京东和腾讯还签署了电商总体战略合作协议,腾讯将旗下拍拍C2C、QQ网购等附属关联公司注册资本、资产、业务转移予京东。京东与腾讯达成战略性合作,收购腾讯部分电商业务和资产。
2014年4月	京东集团正式进行分拆,其中包括两个子集团、一个子公司和一个事业部,涉及金融、拍拍及海外业务。具体的分拆方式是:京东集团下设京东商城集团、金融集团、子公司拍拍网和海外事业部。
2014年5月22日上午9点	京东集团在美国纳斯达克挂牌上市(股票代码:JD)。
2014年6月	京东开通微信"购物"一级入口,推出"智能云"平台。

2014年7月	京东推出金融众筹业务"凑份子";京东荣登2014年《财富》中国500强,位列79位,在互联网行业中排名最高。
2014年8月	京东开通手机QQ一级购物入口,加上微信一级入口、京东客户端,京东将正式借力腾讯,完成移动端布局;成立京东智能。
2014年10月	京东首个"亚洲一号"现代化物流中心正式投入运营。
2014年11月	大家电"京东帮服务店"正式开业。
2014年12月	京东全国首个电商县落户四川,与仁寿县就农村电商达成战略合作。
2015年1月	京东投资易车。首家"京东派校园店"在北京工业大学开业。首家"县级服务中心"落户青岛平度市。
2015年3月	设立O2O业务独立全资子公司。京东股权众筹平台上线。
2015年4月	"京东整车频道"全新上线。全球购跨界电商平台上线。京东金融宣布网银钱包更名为京东钱包,网银+更名为京东支付。
2015年5月	JD+智能奶茶馆正式开业。京东投资天天果园、途牛、金蝶、上海医药。
2015年7月15日	中国互联网协会、工业和信息化部信息中心在京联合发布了2015年"中国互联网企业100强"排行榜。京东入列2015年中国互联网百强榜前十。

2015年8月7日	京东发布财报,宣布董事会2015年5月批准针对公司董事长兼CEO刘强东的一项为期10年的薪酬计划。根据该计划,刘强东在计划规定的10年内,每年基本工资为1元,且没有现金奖励。同时宣布,针对原采销体系组织架构进行了事业部制调整,调整后分为四大事业部,分别是3C、家电、消费品和服饰家居,分别由京东集团副总裁王笑松、闫小兵、冯轶、辛利军担任事业部总裁,直接向京东商城首席执行官沈皓瑜汇报。此外,京东还宣布与永辉超市建立战略伙伴关系,在采购、O2O、金融、信息技术等方面拟构建互为优先、互惠共赢的战略合作模式,实现共同发展、合作共赢。
2015年8月16日	京东集团正式启用位于亦庄经济开发区的新总部大楼,第一批三千八百余名京东员工正式迁入。启用当天,京东举行了新总部大楼入迁仪式。
2015年8月	与中信银行跨界合作,推出"互联网+"信用卡。京东商城宣布成立四大事业部:3C事业部、家电事业部、消费品事业部、服饰家居事业部。

2015年9月8日	京东集团与韩国知名电商综合性购物网站乐天网购签署战略合作协议，乐天网购将统领乐天集团所有子公司全力打造京东"乐天馆"，乐天百货店、乐天玛特、HIMART、乐天免税店、乐天制果、乐天酒店、乐天世界等乐天集团全部商品都将在京东乐天馆进行销售。同时，京东还成为乐天网购在中国今后5年唯一战略合作伙伴。
2015年10月	京东与腾讯联合宣布推出全新合作项目"京腾计划"。10月10日，京东集团发布公告称，因C2C（个人对消费者）模式当前监管难度较大，无法杜绝假冒伪劣商品，决定到12月31日停止提供其C2C模式（拍拍网）的电子商务平台服务，并在3个月的过渡期后将其加入事业部、服饰家居事业部。
2015年11月	京东与法孚集团签署合作意向书。
2015年12月	京东商城成立生鲜事业部和新通路事业部。
2016年1月16日	京东集团旗下京东金融子集团宣布已由红杉资本中国基金、嘉实投资和中国太平领投的投资人完成具有约束力的增资协议签署，融资66.5亿元人民币。

2016年4月15日	京东集团宣布,旗下O2O子公司"京东到家"与众包物流平台"达达"合并一事达成最终协议。京东将以京东到家的业务、京东集团的业务资源以及两亿美元现金换取新公司约47.4%的股份并成为单一最大股东。
2016年5月13日	京东集团成立京东JDX事业部。京东JDX事业部囊括京东全自动物流中心、京东无人机、京东仓储机器人及京东自动驾驶车辆送货等一系列智能物流项目,对行业前沿、高端的智能设备、智慧系统进行研究与创新。5月18日,京东正式敲响了"6·18"的战鼓。
2016年6月8日	"2016年BrandZ全球最具价值品牌百强榜"公布,京东首次进入百强榜,排名第99。6月20日,京东和沃尔玛宣布达成一系列深度战略合作。
2016年9月27日	京东商城与今日头条达成全面战略合作,共同推出"京条计划",今日头条用户将在阅读场景中直接享受京东提供的电商服务。
2016年11月	京东集团宣布正式成立京东Y事业部,Y事业部将着重智慧供应链能力的打造,核心使命是利用人工智能技术来驱动零售革新;京东集团推出"京东物流"全新品牌标识,正式宣布京东物流将以品牌化运营方式全面对社会开放。

2017年1月	中国银联同京东金融签署战略合作协议,并宣布后者旗下支付公司正式成为银联收单成员机构。京东金融旗下支付公司网银在线正式成为中国银联收单成员机构,可以开展银联卡线上线下收单业务。同时根据合作协议,双方还将在支付产品创新、联名卡、农村金融等多方面展开合作,并共同探索在大数据服务、国际业务等更多领域的合作机遇。通过资源共享、优势互补,共同打造"金融+互联网"开放生态,为用户带来更多快捷、安全、高效的金融科技服务。
2017年3月	京东旗下"京东金融"实现了VIE拆除,脱离京东成为独立企业。京东集团签署了重组京东金融的最终协议,京东集团将出让其持有的全部68.6%京东金融股份。根据最终协议,该交易须遵守若干完成条件,预计将于2017年年中完成。3月16日,京东商城大服饰事业部、生活家居事业部正式成立。
2017年4月	京东宣布成立京东物流子集团,京东物流正式独立运作;京东服饰得到AAFA(美国服装和鞋履协会)认证,正式成为AAFA的官方会员;刘强东和京东集团向中国传媒大学捐赠1000万元设立"京东新闻奖学金",支持中国传媒大学的新闻人才培养、国际传播项目及科研创新研究;京东总部幼儿园正式开张,幼儿园直接开在了京东大厦里,员工可以让宝宝和自己一起上下班;百万京东便利店计划正式出炉。

2017年5月11日	新疆喀什地区塔什库尔干塔吉克自治县境内发生5.5级地震,受灾最严重的塔什库尔干乡库孜滚村220户、1520间土坯房屋全部倒塌。得知灾情发生后,京东西北分公司第一时间组成了救援小组。
2017年6月	与全球领先的时尚精品购物平台Farfetch达成战略合作协议,创建全国奢侈品网购首选平台;刘强东率京东集团设立人民大学京东基金,刘强东宣布向母校中国人民大学捐赠3亿元;京东和WWF签署了战略合作协议,双方将联手打造全球可持续发展社会,根据战略协议,京东向WWF捐赠1000万元资金,用于支持WWF有关项目的发展;京东集团宣布与中国东方航空集团公司签署战略合作协议。
2017年9月	在泰国成立两家合资公司,分别提供电商服务和金融科技服务,投资总额为5亿美元。
2017年10月	上线全资开发的全新奢侈品服务平台TOPLIFE,以品牌官方旗舰店的模式链接各大国际国内奢侈品牌,以高效、尊崇、体验至上的理念服务诸多精品品牌。
2017年12月21日	京东发布"拍拍二手"品牌。
2018年2月	京东物流获中国物流行业最大单笔融资25亿美元。
2018年4月	爱奇艺与京东集团正式达成在线娱乐与电商网站会员权益互通的独家战略合作。

2018年6月18日	谷歌5.5亿美元入股京东,双方将展开战略合作;同日,京东第一架重型无人机正式下线。
2018年9月	京东集团与泰国尚泰集团一起打造的泰国线上零售平台JD CENTRAL正式上线运营。
2018年10月	经国家金融监督管理总局批准,安联财产保险(中国)有限公司获准更名为京东安联财产保险公司。
2018年11月	京东金融完成品牌升级,京东数字科技成为整个公司的母品牌,旗下包括京东金融、京东城市、京东农牧、京东钼媒、京东少东家五大子品牌。
2019年1月	2019年世界经济论坛年会在瑞士小镇达沃斯开幕。京东管理团队集体亮相,包括京东商城CEO徐雷、京东数字科技CEO陈生强、京东物流CEO王振辉等。京东商城升级为零售子集团,京东集团为京东零售、京东物流、京东数字科技"齐头并进"。
2019年2月	金正大集团与京东集团在京东总部大楼签署战略合作协议,深入推进"互联网+农业"。
2019年3月	京东零售集团正式成立,确定"以信赖为基础、以客户为中心的价值创造"的经营理念,不断为用户和合作伙伴创造价值。
2019年5月	京东健康正式宣布独立运营。

2019年10月	全域社交电商平台"京喜"正式接入"微信—发现—购物"一级入口,通过高质价比的好物及丰富的社交玩法,为用户带来省钱省心的购物体验。
2020年6月18日	京东正式在香港联交所上市交易,股份代号选为9618,开盘价239港元,上涨5.8%。截至当日收盘,总市值942.25亿美元,折合人民币6677.38亿元。
2020年11月21日	京东京"喜梅州优品馆"在广东省梅州市梅江区举行开馆仪式,成为全国首个正式开馆的"政府优品馆"。京东京喜"梅州优品馆"是梅江区政府与中国经济信息社、京东集团共同打造的政府官方数字经济园区。
2020年12月	京东健康正式于香港联交所主板上市。
2021年5月	京东物流正式于香港联交所主板上市。
2021年10月	京东成功注册广告销售类"JD CAR"商标。
2021年11月	企查查APP显示,由京东物流运输有限公司100%控股的厦门新川海通物流有限公司成立,注册资本1000万元人民币。
2021年12月	华电集团与京东工业品达成合作,于海拔3000米高原建设"企配中心",京东工业品助力华电实现物资配送到站。

2022年1月	京东申请注册多个"JD CAR"商标,国际分类涉及机械设备、科学仪器、运输工具等,当前商标状态均为注册申请中;京东集团宣布与全球顶尖互联网基础设施的领先提供商Shopify达成战略合作,成为Shopify首个中国战略合作伙伴。
2022年2月	崔维星在早餐会上宣布京东将委派高层接手,京东已经完成对德邦快递的收购。
2022年3月	京东"亚洲一号"西安智能产业园获得由北京绿色交易所和华测认证(CTI)颁发的碳中和认证双证书。
2022年4月7日	京东集团宣布,京东集团总裁徐雷将接替刘强东,担任京东集团首席执行官。
2022年5月	京东国际生鲜超市正式上线,时尚居家业务全面升级为"京东新百货"。
2022年7月	京东物流重庆巴南"亚洲一号"智能物流园区获重庆市商务委授予的重庆市"中心城区应急物资中转站"牌匾,成为全国首个落地的"城郊大仓"项目。
2022年8月	京东汽车宣布整合京东汽车供应链能力、京东京车会服务门店以及第三方服务网络,三剑合一推出"京东养车"品牌;达达集团正式回归京东,同时达达集团组织架构发生重大调整,达达集团创始人、董事会主席兼CEO蒯佳祺离职,由京东零售CEO辛利军接任。

2022年10月	京东推出社群团购小程序"东咚团"。
2022年11月23日	京东零售内部开启大规模人事调整,多位总裁岗位发生变动,其中最重要的架构调整是将原有的3C家电事业群拆分为家电家居事业群和电脑通讯事业群。
2023年1月30日	京东印尼子公司(JD.ID)周一宣布消息,将于2023年3月31日停止所有服务。除此之外,泰国站也已经宣布将于3月3日关停。
2023年2月	京东云旗下言犀人工智能应用平台宣布,将整合过往产业实践和技术积累,推出产业版ChatGPT——"ChatJD"。
2023年4月	京东零售在经营管理会上,确立了最新的组织架构变革框架,主要包含:取消事业群制,变为事业部制,原事业群负责人将担任事业部负责人;原事业群统管下的各事业部,将按照细分品类拆分为具体的经营单元,给予品类负责人更多的决策自主权,也包括人事任免等权力。
2023年7月27日	京喜拼拼正式更名为京东拼拼。
2023年11月17日	开封职业学院京东数字经济产业学院举行揭牌仪式,该学院是京东在河南省建成的规模最大的产业学院。
2023年12月	京东修订《京东开放平台交易纠纷处理总则》,主要内容为交易纠纷新增支持用户仅退款。

2024年1月10日	京东与华为宣布合作，正式启动鸿蒙原生应用开发。
2024年3月29日	刘强东发布全员信，宣布京东企业文化升级。
2024年5月	京东即时零售业务全面升级推出京东秒送，整合原即时零售品牌京东小时达、京东到家；京东五金城正式上线京东工业品工厂自营店。
2024年7月8日	无锡市宣传部官方微信号发布消息，京东集团与海澜集团将联合开展奥莱全渠道业务运营，开设全国首家京东奥莱线下店。
2024年8月	美股盘后，京东集团股价一度大跌近10%。受此影响，沃尔玛在其向美国证券交易委员会（SEC）提交的最新监管文件中披露，减持全部所持京东股票，此次交易涉及股份价值最高约37.4亿美元；京东宣布追加10亿投入全面布局服饰品类，将京东服饰打造成潮流尖货聚集地。
2024年9月	京东集团宣布再次启动加薪，自2024年10月1日起，京东零售集团和职能体系将用两年时间实现20薪，其他部门也将随后陆续启动加薪计划；京东完成购买沃尔玛子公司所持达达集团8748.1280万股普通股和187.5000万股美国存托股份，持股比例增加至63.2%。

2024年10月29日	支付宝方面确认,京东商城已开通支付宝支付,一些用户已经顺利完成了支付。这是支付宝、京东两家公司时隔13年后的再度牵手合作。
2024年11月	京东智慧农场落地崇仁,打造再一个"京东跑步鸡"。
2025年1月	京东家政发布招募计划,将面向百县千镇招募10万保洁师,2025年京东家政业务计划拓展至100城,并投入10亿元提升保洁师收益及合作体验。
2025年2月	京东旗下的"达达秒送"在绍兴悄然上线,较主流外卖平台佣金费率略低,最快9分钟送达,已成功吸引不少本地商户入驻;京东APP上线了"国内打车服务"。
2025年3月	京东逐步为京东外卖全职骑手缴纳五险一金,为兼职骑手提供意外险和健康医疗险。这也意味着继给快递小哥缴纳五险一金后,京东再次成为首个为外卖骑手缴纳五险一金的平台。原"竞拍捡漏"频道正式更名为"京东拍卖",作为京东APP首页的一级频道出现。
2025年4月	京东宣布斥资2.4亿澳元,收购位于澳大利亚布里斯班的Wacol物流中心;推出2000亿出口转内销扶持计划,帮助外贸企业快速开拓国内市场;成立紧急应对小组,解决送餐速度问题;全面取消"仅退款",消费者收到货后的退款不退货申请,将由商家自主处理。

名言录

一、团队管理

1. 我请你来不是证明我的决策是错误的，我请你来是把我的决策落实到位、执行到位！如果有困难，你要想办法如何完成。

2. 信任是团队合作的基础。

3. 不管是我们深入的行业，还是我们内部外部的环境，我们永远没有办法让我们员工继续躺着睡大觉。

4. 如果你业绩好，那你可以不用加班加点，公司永远给你非常好的待遇收入，公司永远是爱你的。你业绩不好，但是能达到平均水平，只要肯拼搏，公司永远不会辞退你。

5. 作为创业者最应该给团队分享的不是加班加点地干活儿，而是要多分享我们的知识、我们的信念、我们的财富。

6. 领导者的责任是设定愿景，然后带领团队实现它。

7. 所有的失败，最终都是人的失败。一个公司出现困难，我希望大家第一时间反思自己的商业模式和团队有没有问题。

8. 大部分企业死掉，是因为团队跟不上发展的节奏。

9. 不是一路人，是指我们10个人有9个努力，你不努力，就不是一路人。

10. 一家企业如果成功是因为团队，如果失败也一定是因为团队，是团队内部出了问题。

二、经营智慧

1. 企业管理方式没有对错之分，关键是团队是否理解并接受你的方式。

2. 速度比完美更重要。

3. 任何一种互联网商业模式，如果不能够降低行业的交易成本，不能够提升行业交易效率的话，那么最后注定会失败的。

4. 不管做产品还是做服务，不管是互联网还是传统行业，最核心比拼的是你的用户体验。微软如此，苹果公司更是如此。

5. 从创业开始，必须清楚你的客户群体，要进行用户画像，不要妄想能够面向所有人。如果你的用户群有一个亿，足够了。不是你的客户，不要在乎他说什么，你的产品也不要为他改变。

6. 创新不仅仅是技术，也是商业模式和思维方式。

7. 京东一直强调：为消费者带来更好的体验，把员工与供应商当作真正的伙伴，为社会创造更多的价值与打造更高效的运营方式。

8. 零售很核心的三个关键点、零售最重要的前端用户体验、后端成本和效率。

9. 每家企业当你走向成功的时候，特别是到达顶峰的时候，后面就是下坡路。所以，一家企业的创始人和管理者最可怕的是在顶峰的时候。

10. 你任何的选择，千万不要有悖于消费者利益。当一家企业的利益选择和消费者利益选择发生矛盾的时候，那结局注定是失败的。

三、创业建议

1. 你可以对一个创业者不断批评,但请少一些讽刺挖苦!无论如何,创业者即使失败了,也比整日不做实事只会嘲笑他人的人强100倍。

2. 每个创业者一定要找到适合的发泄压力的方式,让自己重新回到正道上去。

3. 经常听到身边有人抱怨自己得到的机会太少,羡慕他人机会好!于是不断变换工作或者自己的业务模式。我认为机会是自己创造出来的,而不是寻觅到的。

4. 如果一家公司,在不该赚钱的时候赚钱了,那是非常愚蠢的。

5. 我永远不知道怎么去成功,我也永远没法教你们如何成功,但是我可以告诉各位同学,如果你真心想成功,不用恐惧不用迷茫,你只需要每天能够保持你,一直向前,一直向上,永不停止,那么你的梦想终究能够实现。

6. 如果一个行业很完美,几乎看不出来还有什么问题,京东是从来不碰的,因为那意味着几乎对你没机会;如果一个行业太乱太糟糕,简直可怕,那就是巨大的机会。

7. 宁肯忍受暂时不赚钱带来的羞愧,也不能持续的愚蠢!

8. 创业的核心是什么?就在于解决问题。

9. 我们永远不要做自己不擅长的事情。

10. 建议创业者引入风投的时候尽量和大基金合作!宁愿估值低一些!因为小基金管理人支持你没用,他们搞不定背后的LP,很多事项推进起来非常麻烦!根据老刘和VC合作的经验来说:合理事项大基金很快可以推进,反而小基金没完没了讨价还价,浪费了大量时间!

四、领导感悟

1. 后悔是一种耗费精神的情绪，后悔是比损失更大的损失，比错误更大的错误，所以不要后悔。

2. 把面子拿下来揣在衣兜里，素面朝天，你会发现原来生活真的没那么沉重。

3. 永远不要停止学习，知识是无价的财富。每天的学习让我看得更远，每天的努力让我走得更远。

4. 不要害怕失败，失败是成功的一部分。

5. 不要盲目跟随潮流，要有自己的判断。如果你做了一件100%的人都能看懂的事，那么这件事注定不能成功。

6. 企业家如果看清你的方向是什么，大方向看好的时候，就千万不能算小钱。最怕的是你又要战略的价值，还要那种小钱。在细节方面，不要纠结。

7. 风险和机遇并存，敢于冒险才能抓住机遇。

8. 所有伟大的企业领导，一定都是世界上最强势的人。强势的基础是你有自信，有能力，有战略的眼光，有执行的能力，能驱使你的团队去实现你的战略愿景。一个软弱的人，能够带出一家伟大的公司，那是不可能的。

9. 我这个人最痛恨腐败，如果你在我公司贪污了1万元，我就算花1000万也要把你调查出来。

10. 有些人，那些贪婪无度的人，你绝对不能有丝毫妥协。你把妥协视为博弈中该有的美德，而他视为你的软弱！没完没了向你索取！

五、竞争合作

1. 你的好日子是因为自己比别人更努力,而不是寄希望于竞争对手死掉。因为倒下一个竞争对手,会有更多的竞争对手涌进来!

2. 其实天猫等平台不是我们的竞争对手,我特别感谢马云,因为我们几乎所有的用户都来自淘宝。是淘宝教育了用户,这些用户因为不能忍受讨价还价、服务差、低质量产品,所以他们来京东了。

3. 京东的成功向社会证明了一件事情:一家公司可以通过自己的勤劳、汗水来获得成功,不需要走邪门歪道,不需要偷税漏税,不需要走后门,完全可以通过自己的努力打拼,依旧能够成功,我们管他叫正道成功。

4. 我最讨厌认命!我不想认命地说我的竞争对手,我永远打不败它。

5. 不要跟雷军比营销,我们比不过他。他能把小米手机卖成那样,那绝对不是一般人。但营销不是关键,咱们想要打败他,核心不是营销,一定要是可持续竞争。

6. 面对这么多负面新闻,我们应该感到非常荣幸,说明我们确确实实给现有的玩家造成了冲击,让他们真心感觉到痛,才来骂你。如果没人来骂你,说明你的商业模式并不比他先进,那反而是非常悲哀的事情。

7. 赚了钱就是大爷,有钱一切都是对的,有钱就是有能力的人,赚了钱就是好公司,这种低劣的文化和价值观,导致了中国商业社会几十年的畸形。

8. 京东超越阿里巴巴是应该的,因为我们的商业模式优于它,我们对行业贡献的价值更多。你做了多少事情,就有多少资格赚多少钱。

短时间内你可能做的事情很少，赚钱很多，但这是不可持续的。

9. 把假货、山寨货大量卖出去，实际上对整个国家都是丢人现眼的事情。把中国假货恶名输出全球，并不是好事。

10. 每个人都是独有的，一家公司也是如此，我几乎不会发声在竞争对手上。我从来不把我的公司与别人比较，也不去学别人，只抱着一个朴素的商业理念：哪里有问题，只要能找到解决办法，就可以取得成功。所以京东才在无数领域做大量创新、创新、创新！

六、社会责任

1. 我们不应该靠克扣员工工资、压榨员工福利、牺牲员工养老保命钱来作为企业利润，如果我们京东靠克扣员工工资赚来的利润，我认为那不叫利润，那叫可耻的钱。

2. 当我们的这个国家、社会发生任何灾难的时候，我们京东就近的那个仓库经理有权利而且必须将库房里的所有货物捐赠给灾区人民。

3. 企业CEO更多是责任，人生一辈子积极向上努力，其实就是一个成功者。

4. 企业纯有钱，只是二流货色：利润之外，我们还应该看这家企业在赚了钱之后，背后到底真的为这个国家和社会做了哪些贡献。

5. CEO为股东创造价值是天责，因为你只有这种信念，才有更多人把钱掏出来，投资出来，社会经济才能活跃。

6. 做企业前端比拼的是用户体验、成本、效率，背后比拼的是谁能为这个行业、为这个社会创造更多的价值。只要你能为这个行业、为这个社会创造无数价值，那么你一定可以赚钱，一定会成功。这就是我们从来不变的商业信仰。

7.京东每赚的一分钱,每一分的利润,必须建立在为国家创造十倍以上价值的基础上。

8.中国很多上市企业,很多都是一锤子买卖,自己利益最大化是其核心追究。而企业家精神的核心是为股东创造回报。

9.在我们国家还有几千万人口生活在极端贫困的状况,先富不帮后富,我想这是中国已经富起来的富人们的耻辱。

10.我们所学的知识、商业模式、技术算法都不应该用在压榨最底层的兄弟们,我们的利润、市值和财富更不应该建立在底层百姓无保障的生活之上。

参考文献

1. 李志刚：《创京东：刘强东亲述创业之路》《刘强东：回归零售的本质》（序一），中信出版社 2015 年版。

2. 刘强东：《刘强东自述：我的经营模式》，中信出版集团 2016 年版。

3. 刘强东：《刘强东自述：我的经营模式》，京东集团内部精华版附册，中信出版集团 2016 年版。

4. 刘强东：《品质经济：未来零售革命下的商业图景》，中信出版集团 2017 年 11 月版。

5. 孙光雨：《不战斗不成功：刘强东和京东商城的"野蛮"奋斗史》，中国发展出版社 2013 年 11 月版。

6. 崔瑜，焦豪：《刘强东：持正行远》，中国友谊出版公司 2018 年 5 月版。

7. 黄鸿漄：《刘强东：人到绝境是重生》，中华工商联合出版社 2018 年 1 月版。

8. 修娜：《刘强东：赚钱是自然而然的事》，浙江大学出版社出版 2015 年 8 月版。

9. 尹锋：《刘强东：注定震惊世界》，北京联合出版公司 2012 年 8 月版。

10. （美）史蒂文·霍夫曼：《穿越寒冬：创业者的融资策略与独角兽思维》，中信出版集团股份有限公司 2020 年 1 月版。

11. 中国人民大学校报编辑部编:《人民共和国的建设者——中国人民大学校友专访录》(第六集),《坚守成就梦想坚持铸造辉煌——访京东商城创始人刘强东、孟繁颖等》,中国人民大学出版社2012年版。

12. 陆新之:《电子商务创世纪》,中信出版社2013年版。

13. 韩平:《年轻就是要活出你自己:刘强东的商业新逻辑》,中国友谊出版公司2014年版。

14. 京东研发体系:《京东技术解密》,电子工业出版社2015年版。